THE
LAST
WORDS

예수님이 남기신
14가지 말씀

14 WORDS FROM JESUS
by James Montgomery Boice and Philip Graham Ryken

Copyright ⓒ 1999 James Montgomery Boice and Philip Graham Ryken
Originally published in English under the title: 14 Words from Jesus
published by Christian Focus Publications
Geanies House, Fearn, Tain Ross-shire IV 20 1TW SCOTLAND, U.K.
All rights reserved.

Korean Edition published by Word of Life Press, Seoul 2014
Translated and published by permission.
Printed in Korea.

THE
LAST
WORDS

ⓒ 생명의말씀사 2014

2014년 2월 28일 1판 1쇄 발행

펴낸이 | 김창영
펴낸곳 | 생명의말씀사

등록 | 1962. 1. 10. No.300-1962-1
주소 | 서울시 종로구 경희궁1길 5-9(110-062)
전화 | 02)738-6555(본사) · 02)3159-7979(영업)
팩스 | 02)739-3824(본사) · 080-022-8585(영업)

기획편집 | 홍경민, 신유리
디자인 | 김혜진
인쇄 | 영진문원
제본 | 정문바인텍

ISBN 978-89-04-16450-9 (03230)

저작권자의 허락없이 이 책의 일부 또는 전체를
무단 복제, 전재, 발췌하면 저작권법에 의해 처벌을 받습니다.

THE LAST WORDS
예수님이 남기신 14가지 말씀

목차 ● THE LAST WORDS

서문 6
머리말 11

1 WORDS FROM THE CROSS
십자가에서 하신 7가지 말씀

●

01 하나님의 마음 18
02 최고의 행운아 30
03 가족의 끈 42
04 인간이신 예수 54
05 버림받았으나, 버림받지 않으신 66
06 완수된 사명 78
07 귀향 88

2 THE REAL LAST WORDS OF CHRIST
부활 후 하신 7가지 말씀
•

08 찾는 자를 위한 말씀 102
09 두려워하는 자를 위한 말씀 116
10 불안한 자를 위한 말씀 128
11 근심에 쌓인 자를 위한 말씀 142
12 의심하는 자를 위한 말씀 154
13 넘어진 자를 위한 말씀 166
14 모든 사람을 위한 말씀 178

주 190

서문 ● THE LAST WORDS

 필라델피아 중심부 번화가의 모퉁이에는 오래된 벽돌 교회가 있다. 이곳은 아파트와 빅토리아풍의 회색 저택, 그리고 커피숍과 작은 기업들이 자리 잡고 있는 주택가이자 상업지역이다. 시청, 리튼하우스 광장, 부유층 고객을 겨냥한 상점과 식당이 걸어서 갈 수 있는 거리에 있으며 남쪽에는 다소 소박한 이웃들이 거주한다.
 이곳이 영국 퀘이커교도 윌리엄 펜(William Penn)이 세운 옛 도시의 '서부 근교'라고 불릴 때 제10장로교회는 이 자리에 설립되었다. 하지만 지금은 미국에서 다섯 번째로 큰 복합도시의 중심부에 위치해 있는 셈이다. 세속주의와 죄, 그리고 이기주의가 팽배한 이 커다란 도시에서, 제10장로교회는 183년 동안 강단과 교인들의 삶을 통해 구원의 복음을 명료하고 강력하게 선포하는 등대 역할을 담당해왔다.
 성경에 충실한 강력한 강해 설교가 이 교회 사역의 근간이었는데, 내가 1950년대 후반 대학 생활을 위해 필라델피아로 이주해 이 교회에 다니게 된 것도 바로 설교 때문이었다. 도널드 반하우스(Donald Barnhouse) 박사는 잊을 수 없는 설교 예화들을 통해 하나님 말씀을 이해하기 쉽게 전했으며, 주님의 은혜와 자비의 복음이 삶의 유일한 기초임을 명쾌하게 설명했다. 이 메시지는 교인들을 위로하기 위한 메시지일 뿐 아니라, 새 생명을 경험해 보지 못한 교회 밖의 이들에게도 전달되어야 하는 메시지였다.

1960년, 나는 제임스 보이스와 결혼한 후 대학원에서 연구를 계속해 나갔고 제임스는 스위스 바젤에서 신학박사 학위를 받았다. 그 무렵에는 마리아노 디 간지(Mariano Di Gangi) 박사가 소천한 반하우스 박사를 대신해 제10장로교회의 담임을 맡아 열정적인 강해 설교를 이어 나가고 있었다. 그 후 그가 가족과 함께 다음 사역을 위해 캐나다로 돌아가게 되자 당시 〈크리스채너티 투데이〉의 부편집장 일을 하고 있던 남편은 1968년 봄, 제10장로교회의 담임목사로 청빙을 받게 되었다. 32년 동안 교회가 성장하면서 지역전도사역은 발전했고 해외사역 파트너 지원도 확대되었다. 그 기간은 많은 도전과 축복을 경험한 시기였다.

설교, 출판, 강연 등의 여러 영역에서 홀로 리더십을 발휘하며 책임지는 것에 막중한 부담을 느낄 즈음, 1995년 주님은 필립 라이큰(Philip Ryken) 박사를 제10장로교회 설교 사역 협력자로 보내 주셨다. 그는 옥스퍼드 대학에서 철학박사 학위를 막 마친 직후였는데 설교와 목회를 맡기에 적합한 상태였다. 그와 제임스는 분주하고도 생산적인 협력 사역을 시작했다. 둘 다 설교 준비를 위한 은사를 가지고 있고 잘 훈련되었기에 말씀을 면밀히 연구하며 말씀 사역에 헌신하였다. 그들은 주께서 당신의 말씀을 헛되이 하지 않고 말씀을 통해 계획하신 바를 반드시 이루실 거라는 약속을 확신했다. 하나님 말씀 하나면 충분하다는 사실과 그분의 말씀이 분명 이루어질 것임을 믿어 의심치 않았다.

하지만 교회에는, 특히 도시에 위치한 교회일수록 질문 하나가 따라다닌다. '교회 밖에 있는 자들에게도 하나님의 말씀이 소망과 축복의 근원이 되게 하려면 어떻게 해야 할까?'

이 질문에서 바로 사순절 기간의 금요일 정오 예배가 비롯되었다. 우리는 예배 시간을 30분으로 정하고 이 시간을 엄격히 지켰다. 그래서 인근 사무실 직원들이 점심시간을 이용하여 잠시 예배드린 후 업무 시간에 늦지 않게 돌아갈 수 있도록 했다. 찬양, 기도, 성경 봉독에 이어, 예수 그리스도의 죽으심에 대한 메시지를 간략히 전했는데, 정규적으로 교회에 출석하지 않는 이들도 접근하기 쉽도록 기획했다. 친구나 직장 동료의 초청으로 오는 사람들도 가끔 있었다.

해를 거듭하면서, 그 도시 사람들뿐 아니라 인근 지역에 근무하는 이들도 사순절 예배를 통해 축복을 경험했다. 조용한 성소에서 드리는 그 짧은 예배가 잠시 분주한 업무에서 벗어나 그리스도가 우리를 구속하기 위해 치르셨던 대가에 집중할 시간을 제공해 준 것이다.

여러 해에 걸친 그 사순절 메시지를 책으로 엮은 것이 본서다. 이 메시지를 통해 저자들은 "십자가의 도가 멸망하는 자들에게는 미련한 것이요 구원을 받는 우리에게는 하나님의 능력"(고전 1:18)임을 분명 밝혀 준다.

린다 몽고메리 보이스

머리말 • THE LAST WORDS

예수 그리스도의 십자가가 중요하다는 것은 아무리 강조해도 지나치지 않다. 십자가 위에서 그리스도가 하신 말씀, 십자가에 관한 그분의 말씀, 십자가에 관한 성경 교리들 중 우리가 무엇을 생각하든, 십자가가 기독교의 핵심이기 때문이다.

사실, 십자가 없이는 기독교도 없다. 성육신만으로는 우리에게 진정한 기독교를 제시할 수 없다. 그것은 단지 성탄절을 위한 감상적인 이야기일 뿐이다. 또한 그리스도를 본받는 관점만으로도 기독교가 성립하지 않는다. 그 누구도 예수님을 모방하여 구원에 이를 수 없기 때문이다. 부활마저도 그 자체만으로는 기독교의 본질이 아니다.

다시 말하지만, 예수께서 그리스도인들을 위해 십자가에서 이루신 일의 중요성은 아무리 강조해도 지나치지 않다. 우리는 그리스도의 십자가와 관련하여 두 가지 사실을 생각해 볼 수 있다.

첫째, 만일 그리스도의 십자가가 기독교의 핵심이자 본질이라면, 그 의미는 너무나 단순하다는 점이다. 예를 들어, "성경대로 그리스도께서 우리 죄를 위하여 죽으시고"(고전 15:3)라는 것보다 더 간명한 표현이 있을까? 또한, 성경에는 "주 예수를 믿으라 그리하면 너와 네 집이 구원을 받으리라"(행 16:31)는 말씀도 있다. 성경은 십자가를 종종 이런 식으로 제시하는데, 즉 매우 간략한 문구를 사용해 직접적으로 신앙을 촉구하는 것이다.

둘째, 만일 십자가가 기독교의 본질이라면, 우리는 또한 그 깊은 의미까지 들어가 볼 수도 있을 것이다. 사실, 우리로서는 십자가의 온전한 의미를 다 이해할 수는 없지만 말이다. 요한복음의 신학을 묘사했던 한 작가는 이 두 가지 사실과 관련하여 십자가 교리를 다음과 같이 요약했다. "그것은 코끼리가 수영할 수 있는 큰 바다일 뿐만 아니라 어린아이가 건널 수 있는 자그마한 웅덩이이기도 하다."

핵심적이며 단순한 동시에 그 끝을 알 수 없을 정도로 심오한 십자가, 이 풍성한 주제를 어떻게 다루는 것이 좋을까? 그래서 필립 라이큰과 나는 우리 교회에서 전하는 사순절 메시지에서 십자가와 관련된 성경의 가르침을 전하기로 결심했다. 라이큰은 설교의 대부분을 맡아, 21개의 연구 중 16개를 담당했는데 그와 함께함에 마음이 뿌듯하다. 우리가 서로의 설교에서 감명을 받았듯 여러분 또한 성경 본문의 의미를 고찰하는 과정에서 축복을 경험하기를 기도한다.

십자가를 배제한 기독교는 스스로를 구원할 수 있다는 주제넘은 착각과 교만으로 이끄는 자기 신격화의 한 유형에 불과한 셈이다. 기독교는 십자가를 중심에 둘 때만이 칭의의 은혜를 입은 자로서 하나님 앞에 설 수 있는 유일한 기반을 제시하며, 하나님 안에서 안식하며 다른 이들을 위해 희생할 수 있는 동기를 부여해 준다. 십자가 위에서 예수님이 우리를 위해 모든 것을 주셨기 때문에 우리도 모든 것을 내어 줄 마음을 갖게 되는 것이다.

온 세상 만물 가져도

주 은혜 못 다 갚겠네

놀라운 사랑 받은 나

몸으로 제물 삼겠네.

_ 주 달려 죽은 십자가, 새찬송가 149장(통일 147)

  이것은 1701년에 아이작 왓츠(Isaac Watts)가 작사한 찬송가로, 참으로 옳은 진리를 담고 있다. 여러분 또한 이 중요한 성경 구절들을 읽고 생각하고 기도하는 가운데 십자가의 진리를 깨닫게 될 줄로 믿는다.

제임스 몽고메리 보이스

THE
LAST WORDS

●

예수님도 죽음을 원하지 않으셨다.

그는 무슨 일이 일어나고 있는지를 알고 계셨다.

그것이 소위 장난이 아님을 아신 것이다.

그럼에도 예수님은 왜 그것을 감수하셨을까?

죽음을 타파하기 위해서는,

누군가가 단번에 그것을 정복해야 했기 때문이다.

●

WORDS FROM THE CROSS
THE REAL LAST WORDS OF CHRIST

WORDS FROM THE CROSS

The Heart of God
The Luckiest Man Alive
Family Ties
Human After All
Forsaken, Yet Not Forsaken
Mission Accomplished
Homeward Bound

1
십자가에서 하신 7가지 말씀

하나님의 마음
최고의 행운아
가족의 끈
인간이신 예수
버림받았으나, 버림받지 않으신
완수된 사명
귀향

"아버지 저들을 사하여 주옵소서
자기들이 하는 것을 알지 못함이니이다"(눅 23:34).

01

하나님의 마음

●

The Heart of God
제임스 몽고메리 보이스

죽기 전 남기는 말에는 의미심장한 무엇이 있기 마련인데, 죽음 앞에서 자신의 진면목을 드러내는 경우가 많기 때문이다.

프랑스 황제 나폴레옹 보나파르트(Napoleon Bonaparte, 1769-1821)는 이렇게 말했다. "내 때가 이르기도 전에 나는 벌써 죽는다. 내 몸은 흙으로 돌아갈 것이다. 위대한 나폴레옹이라 불려온 자의 운명이 이것이다. 나의 비참한 처지와 그리스도의 영원한 나라 사이에는 너무나 깊은 심연이 놓여 있다."

또한 유명한 프랑스 무신론자 볼테르(Voltaire, 1694-1778)는 주치의에게 이렇게 말했다고 한다. "나는 하나님과 사람에게 버림받았어요! 내 생명을 6개월 연장해 준다면, 당신에게 내 재산의 절반을 주겠소."

그리고 영국의 몇몇 위인들의 믿음을 타락시켰던 영리한 회의론자 토마스 홉스(Thomas Hobbes, 1588-1679)는 이렇게 탄식했다. "만일 온 세상이 내 것이라면, 온 세상을 갖는 것보다 단 하루 더 사는 편을 택할 것이다. 이제 나는 어둠 속으로 뛰어들기 직전이다."

예수님이 남기신 말씀들

예수님의 가상칠언을 그분의 "유언"으로 부르는 것에 대해 나는 언제나 거부감을 느껴왔다. "유언"이라는 표현은 마치 예수님께서 부활하지 않으셔서 더 이상 아무 말씀도 하지 않으신 것 같은 느낌을 주기 때문이다. 물론, 예수님은 다시 살아나셨다. 그 놀라운 사실로 인해 기독교가 이렇게 존재하지 않는가. 예수님은 부활 후 승천하시기까지 40일 동안 다른 말씀도 하셨는데, 굳이 "유언"이라고 표현하고자 한다면, 그 40일간의 말씀들이 유언일 것이다.

이렇듯 십자가 위에서 하신 말씀들을 유언으로 간주할 수는 없어도 몇 가지 이유에서 그 말씀들은 의미심장하다. 첫째, 그 말씀들은 예수께서 자신의 영혼을 하나님께 맡기는 마지막 순간까지 또렷한 의식을 갖고 계셨음을 보여 준다. 둘째, 그것들은 예수께서 자신의 죽음이 세상 죄를 속하기 위한 것임을 인식하고 계셨음을 보여 준다. 셋째, 그 말씀들은 그가 자신의 죽음이 그 속죄 사역에 꼭 필요하다는 사실을 알고 계셨음을 보여 준다. 예수님은 자신이 행해야 하는 일을 흡족히 여기셨다. 좌절 가운데 죽음을 맞이한 것이 아니다. 더욱이 그 말씀들은 가장 고통스러운 순간에도 다른 사람들을 향한 놀라운 관심과 사랑을 보여 준다.

예수님이 십자가에서 하신 말씀, 가상칠언은 다음과 같다.

1. "아버지 저들을 사하여 주옵소서 자기들이 하는 것을 알지 못함이니이다"(눅 23:34).

자신을 십자가에 못 박은 자들을 용서해 줄 것을 하나님께 간구하는 말씀으로, 주님의 자비로운 마음을 보여 준다.

2. "내가 진실로 네게 이르노니 오늘 네가 나와 함께 낙원에 있으리라"(눅 23:43).

믿음을 보인 강도에게 하신 말씀이다. 주님은 그에게 구원을 확실하게 약속하셨다. 이 말씀은 삶이 지속되는 한 예수님을 믿고 구원받을 기회가 언제나 있음을 보여 준다.

3. "여자여 보소서 아들이니이다……보라 네 어머니라"(요 19:26-27).

예수님은 제자들 중 하나인 요한에게 모친 마리아를 맡기시며 가족을 배려하는 마음을 나타내셨다.

4. "내가 목마르다"(요 19:28).

예수님의 인성을 보여 주는 말씀이다. 또한 이것은 죽음의 모든 국면들이 성경 예언에 따른 것임을 보여 준다.

5. "나의 하나님, 나의 하나님, 어찌하여 나를 버리셨나이까"(마 27:46; 막 15:34).

괴로움이 고스란히 표현된 말씀으로, 십자가 위에서 실제로 어떤 일이 일어났는지를 가장 적나라하게 드러낸다. 속죄의 성격 그리고 우리의 구원을 위해 하나님께 무엇을 지불해야 하셨는지를 보여 주는 말씀이다.

6. "다 이루었다"(요 19:30).

가장 중요한 말씀이다. 이것은 예수님의 생명이 끝났음을 가리키는 것이 아니라 속죄 사역의 완성을 뜻하기 때문이다. 우리가 구원을 확신할 수 있는 것은 예수께서 완전하고도 최종적인 속죄를 이루셨기 때문이다.

7. "아버지 내 영혼을 아버지 손에 부탁하나이다"(눅 23:46).

마지막 순간까지 예수님이 자신의 삶을 컨트롤하고 계셨음을 보여 주는 말씀이다. 또한 아버지와의 관계를 보여 주는 말씀이기도 하다.

예수님의 가상칠언은 2천 년 동안 여러 설교자와 교인들의 마음을 움직여 왔는데, 이를 통해 다음과 같은 일곱 가지 의무를 가르쳐 왔다.

1. 원수를 용서해야 한다.
2. 그리스도를 믿어야 한다.
3. 부모를 공경해야 한다.
4. 하나님 말씀을 실현하는 데 가장 높은 가치를 두어야 한다.

5. 가장 암담한 순간에도 하나님을 붙들어야 한다.
6. 하나님께로부터 받은 과업을 끝까지 인내하며 감당해야 한다.
7. 하나님의 뜻이라면 모든 것을, 생명마저도 하나님께 드려야 한다.

그러나 이러한 의무를 깨닫는 것보다 훨씬 더 중요한 일은 이 말씀을 통해 그리스도의 성품과 사역 자체에 관해 배우는 것이다. 우리는 바로 그 점에 초점을 맞추고자 한다. 그 말씀들은 예수께서 우리를 죄에서 구원하기 위해 죽으셨음을 가르친다. 그가 이 땅에 오신 이유는 바로 그 일을 위해서였다. 우리의 삶이 지속되는 한, 죄로부터 돌이켜 예수님을 구주로 의지할 수 있는 기회는 언제나 주어져 있다. 죽어가는 강도가 돌이키자 예수님은 그에게 "오늘 네가 나와 함께 낙원에 있으리라"(눅 23:43)고 말씀하셨다. 이 책을 읽은 누군가 또한 마치 십자가에 달린 강도처럼, 영적 사망으로부터 영적 생명으로 전환할 수 있기를 바란다.

위대한 용서

가상칠언 중, "아버지 저들을 사하여 주옵소서 자기들이 하는 것을 알지 못함이니이다"(눅 23:34)라는 말씀부터 생각해 보자. 이는 예수께서 두 죄수들과 함께 거친 목재 형틀에 달리셨을 때 처음 하셨던 말씀이다. 굵은 쇠못으로 팔과 발이 형틀에 박힌 채 사람들이 미리 파둔 구덩이에 거칠게 내리박히는, 극한의 고통을 느끼는 순간이었던 것이다. 십자가형은 인간이 고안해 낸 처형 중에서 가장 잔혹하고 오랜 고통을 느끼며 죽어가게 하는 극형이다.

그러나 예수님의 십자가 처형은 '잔혹하기만' 한 것이 아니라 '부당한' 것이었다. 그에게는 죄가 전혀 없었기 때문이다. 바로 그날 아침에 재판관인 본디오 빌라도는 무려 세 차례에 걸쳐 예수님의 무죄를 선언했었다. "나는 그에게서 아무 죄도 찾지 못하였노라"(요 18:38/ 요 19:4, 6 참조). 빌라도가 십자가 처형에 동의했던 것은, 예수님의 대적들이 빌라도가 왕을 자처하는 위험한 반란자를 비호하고 있다는 식으로 가이사에게 보고할 거라고 위협했기 때문이다. 빌라도가 "나사렛 예수 유대인의 왕"이라 기록된 죄패를 십자가에 걸게 했던 것도 바로 그 때문이다. 그는 정치적 모반자에게 관대하다는 인상을 주고 싶지 않았던 것이다.

그 십자가 처형은 잔인하고 부당했을 뿐만 아니라, 수치스럽고 모욕적이었다. 유명한 웅변가 키케로(Cicero)는 로마인으로서의 서만한 자존감을 깔고서 이렇게 말했다.

로마 시민을 결박하는 건 범죄이고, 그를 매질하는 건 증오스러운 행위이며, 그를 살해하는 것은 극악한 살인이다. 그를 십자가에 못 박는 건 어떨까? 그토록 끔찍한 짓에 대해선 묘사할 말조차 없을 것이다![1]

예수님은 잔인하고 부당하게 그리고 치욕스럽게 처형당하셨다. 하지만 그처럼 극도로 고통스러운 순간에 그는 대적들을 용서해 달라는 기도를 올리셨다.

"아버지 저들을 사하여 주옵소서 자기들이 하는 것을 알지 못함이니이다"(눅 23:34).

그렇다면 하나님은 주님의 기도를 들어주셨을까? 물론이다. 천국에 가서 그 부당한 재판과 처형에 관여한 자들 중 얼마나 많은 이들이 회개하고 예수님을 구주로 영접했는지를 보기 전까지는 하나님의 응답을 온전히 알 순 없겠으나, 하나님은 그 기도를 들어주셨을 것이다.

위대한 성공회 주교였던 존 찰스 라일(John Charles Ryle)은 다음과 같이 기록했다.

예수님께서 십자가 처형을 당하신 후 첫 6개월 동안 예루살렘에서 일어난 회심 중, 얼마 정도가 이 놀라운 기도에 대한 직접적인 응답인지 우리는 전혀 알 수 없다. 어쩌면 십자가에 달린 강도의 회개가 이 기도에 대한 첫 번째 응답일 수도 있다. 그리고 주님을 가리켜 '의인'이라 선언했던 백부장이나 주님의 죽으심을 보고 '가슴을 치며 돌아갔던' 사람들이 이 말씀에 깊은 감명을 받았을 수도 있으며, 오순절 성령 강림 사건 때에 회심한 3천 명의 무리 중 주님을 핍박하는 일에 가담했던 사람이 있을 수도 있다.……우리는 이 놀라운 기도가 응답되었다고 확신한다.[2]

너무나 자애롭고 긍휼이 많으심을 보여 주는 그분의 이 간구로 회심한 이들이 많았다. 동서고금을 막론하고, 그분의 돌보심을 못 받을 정도로 심한 죄를 짓거나 강퍅한 마음을 지닌 자는 단 한 명도 존재하지 않는다. 그는 우리를 돌보시며 우리의 죄를 사하여 주시는 은혜를 베푸신다. 만일 우리가 회개하고 그리스도를 믿고자 하면, 이 기도가 우리에게도 적용될 것이다.

대가가 필요한 용서

십자가 위에서 하신 예수님의 첫 말씀에 대해 우리가 반드시 이해해야 할 것이 또 있는데, 그것은 이 용서에 엄청난 대가가 필요했다는 것이다. 용서는 싼값에 주어지는 것이 아니다. 왜냐하면 하나님은 거룩하고 공의로운 통치자이시므로 공의롭게 행하셔야 하기 때문이다. 하나님은 옳지 않거나 공의롭지 않게 행하실 수 없다.

옳은 것이 무엇인가? 옳은 것이란 죄를 징벌하고 악을 심판하는 것이다. 그 상황에서 우리가 기대하는 하나님의 공의로우신 행동이란, 재판관 역을 맡았던 빌라도와 예수님을 십자가에 달았던 병사들과 음모를 꾸몄던 지도자들 그리고 예수님을 죽이라며 소리쳤던 무리들에 대한 징벌일 것이다. 그들은 하나님의 독생자를 살해하는 큰 죄를 범했기 때문에 지옥 형벌을 받는 것이 마땅했다.

혹여 하나님은 아무런 대가 없이 용서하길 원하셨을 수도 있으나, 하나님은 당신의 공의를 거스르실 수 없으셨다. 이들 두 가지를 동시에 만족시키는 것이 바로 십자가였다. 가상칠언을 특별히 십자가 위에서 말씀하신 것도 바로 이 때문이다. 또한 예수께서 "아버지 저들을 사하여 주옵소서"라고 기도하실 수 있었던 것도 당신의 죽음이 죄인들의 죽음을 대신하기 때문이다. 하나님은 단지 죄를 잊거나 간과하지 않으시고 죄를 직접 처리하신 것이다. 공의의 징벌을 가하셨다. 죄인들이 아닌 자신의 아들을 대신 징벌하신 것이다. 용서하시되 엄청난 대가를 치르게 하시는 것, 이것이 바로 하나님의 마음이다.

성경의 가르침보다는 이 땅의 생각에 더 익숙한 이들의 귀에는 그 사실이 불편하게 들릴지 모르겠다. 하지만 죽음 이후 각자의 삶을 결산해야 하는 상황에서 하나님 앞에 설 수 있는 유일한 소망은 이 사실뿐이다. 우리는 죄인이므로 결백을 주장할 수 없다. 그러므로 우리를 대신하신 예수 그리스도의 죽음만이 우리의 유일한 소망이다.

우리는 그 사실을 믿을 수가 있다. 하나님이 우리의 믿음을 친히 독려하고 계시기 때문이다. 성경은 "우리가 아직 죄인 되었을 때에 그리스도께서 우리를 위하여 죽으심으로 하나님께서 우리에 대한 자기의 사랑을 확증하셨느니라"(롬 5:8)고 말한다. 이것이 바로 하나님의 마음이며 기독교의 핵심이다.

"내가 진실로 네게 이르노니
오늘 네가 나와 함께 낙원에 있으리라"(눅 23:43).

02
최고의 행운아

●

The Luckiest Man Alive
필 라이큰

십자가 위의 강도는 최고의 행운아였음이 분명하다.

그는 밑바닥 생활을 하던 범죄자요 실패자였다. 자신이 범한 죄 때문에 유죄 판결을 받고서는 십자가형을 당하게 된 것이다. 그에게는 미래가 없었으며, 그가 갈 곳은 지옥뿐이었다. 그러나 그는 십자가 처형을 집행할 수많은 로마의 언덕들과 십자가에 달린 수많은 죄수들 중에서 예수 그리스도의 바로 옆 십자가에 달렸다.

그 강도는 죽기 직전, 즉 영원한 구렁텅이로 떨어지기 직전인 그 마지막 순간에 영생의 선물을 얻었다. 만일 그가 다른 곳에서, 다른 시각에, 그리고 다른 십자가에 달렸다면, 그는 영원히 잊힌 존재에 불과했을 것이다. 하지만 그는 다른 장소에서, 다른 시각에, 다른 십자가에 달리지 않았다. 그는 예루살렘 외곽의 골고다에서, 예수님의 십자가 바로 오른편의 십자가에서 죽었다. 바로 '그' 십자가에서 죽었기 때문에, 그는 영생을 구하고 예수님의 복된 말씀을 들을 수 있었다. "내가 진실로 네게 이르노니 오늘 네가 나와 함께 낙원에 있으리라." 그는 그 말씀을 들었을 뿐만 아니라, 바로 그날에 천국으로 가서 지금까지 거기서 살고 있다.

누구나 그 강도처럼 행운아가 될 수 있다. 회개한 강도가 예수님으로부터 얻은 것을 당신도 받을 수 있다. 십자가에서 예수님을 만날 수 있는 것이다. 자신의 곤경 때문에 십자가에 못 박혀야 할 수도 있다. 그때 우리는 오른편 강도처럼 세 가지를 행해야 한다.

죄를 고백하다

먼저, 자신이 죄인임을 인정해야 한다. 구원은 죄인을 위한 것이다. 여기서 '죄인'이란 하나님께 반역하는 삶을 사는 자를 가리키는데, 이 반역에는 우리가 생각할 수 있는 죄와 생각하지 못하는 죄까지 모두 포함된다. 생각할 수 있는 죄는 거짓말, 도둑질, 간음, 위선 등이고, 생각하지 못하는 죄에는 조급함, 탐욕, 교만, 용서하지 않음, 또는 기도하지 않음 등이 속한다.

십자가에 달려 죽어가는 범죄자라고 해서 다 죄인임을 시인하는 건 아니다. 예수님과 함께 십자가에 달린 죄수는 두 명이었으나, 그중 한 명만이 회개했다. 다른 한 죄수는 자신이 죄인임을 시인하지 않았다. 그는 예수님을 비방하면서 "네가 그리스도가 아니냐 너와 우리를 구원하라"(눅 23:39)고 말했다. 그 죄수는 자신의 잘못을 시인할 생각조차 하지 않았다. 그런 사람은 늘 자신보다 열악한 처지에 있는 자를 찾아서 공격하려 든다. 고통 속에서 서서히 죽어가는 상황에서도, 그는 구세주를 조롱하기에 급급했다.

죄인이 자신이 죄인임을 시인하는 것은 이렇듯 쉽지만은 않다. 그에게는 그것이 가장 힘든 일일 수 있다. 대개 우리는 자신보다 못한 처지에 놓인 사람을 찾아서 위안을 삼으려 하는데, 이는 자신의 죄책감에서 벗어나 보려는 행위이다. 죄인들은 자신의 내면을 명확히 들여다보지 못하기 때문에 혼란스러운 마음을 갖는다. 그들은 자신이 반역적임을 깨닫지 못하며 하나님이 죄를 얼마나 혐오하시는지를 이해하지 못한다. 회개하여 예수님의 친구가 된 강도의 고백이 그토록 놀라운 것도 바로 이 때문이다. 그는 회개하지 않고 예수님을 비방하던 죄수에게 이렇게 말했다.

> "네가 동일한 정죄를 받고서도 하나님을 두려워하지 아니하느냐 우리는 우리가 행한 일에 상당한 보응을 받는 것이니 이에 당연하거니와 이 사람이 행한 것은 옳지 않은 것이 없느니라"(눅 23:40-41).

그는 자신이 죄인임을 시인했다. 자신이 죄를 저질렀기 때문에 처형당하는 것이 마땅함을 시인했다. 또한 그는 자신의 죄가 단지 사람에 대한 범죄일 뿐만 아니라 하나님을 거역한 것임을 시인했다. 십자가 처형은 그로 하여금 하나님을 두려워하게 만들었다. 하나님께 반역하며 살아가는 죄인은 하나님을 두려워해야 한다.

양심의 소리에 귀 기울이면, 하나님을 두려워해야 한다는 소리가 들릴 것이다. 회개한 강도는 양심에 귀를 기울였고, 자신이 죄 때문에 죽어 마땅함을 시인했다. 또한 그는 로마 처형법에 의한 물리적인 죽음만이 아니라 하나님에 의한 영적인 죽음도 자신에게 마땅함을 알았다. 우리는 각자의 죄를 낙원으로 가지고 갈 수 없다. 만일 우리가 그곳에 가고 싶다면, 자신이 죄인임을 시인하고 그리스도를 믿는 믿음으로 자신의 죄를 제거하는 첫 단계를 밟아야 한다.

예수님의 무죄를 고백하다

우리는 예수님이 죄인이 아니셨음을 고백해야 한다. 이것이 회개한 강도가 했던 두 번째 일이다. 그는 예수님이 하나님의 아들이심을 고백했다.

> "우리는 우리가 행한 일에 상당한 보응을 받는 것이니 이에 당연하거니와 이 사람이 행한 것은 옳지 않은 것이 없느니라"
> (눅 23:41).

비록 그 자신은 죄인이었지만, 그는 그리스도에게는 죄가 없음을 말할 수 있었다. 예수님이 아무런 잘못도 범하지 않으셨음을 그는 확신했다.

그는 십자가에서 죽어가며 이를 깨달았던 것 같다. 예수님께서 십자가에서 하신 첫 번째 말씀을 생각해보라.

"아버지 저들을 사하여 주옵소서 자기들이 하는 것을 알지 못함이니이다"(눅 23:34).

회개한 강도는 이 말씀을 듣고 예수님의 기도에 계시된 용서하시는 하나님의 마음에 감명받았을 것이다. 그래서 그는 원수를 위해 이렇듯 기도할 수 있는 사람이라면 완전하신 분임이 분명하다고 결론지었을 것이다.

어쨌든 회개한 강도가 예수님에 관하여 한 말은 사실이었다. 예수님에게는 죄가 없었다. 주님은 불법감금과 거짓 고발을 당했고, 그릇된 판결을 받았으며, 또한 부당하게 처형되셨다. 그것은 인류 역사상 가장 심각한 오판이었다. 예수님의 가르침을 살펴보면 모든 말씀이 얼마나 선하고 진실한지를 알 수 있으며, 예수님의 행적을 읽어보면 그의 모든 행동이 얼마나 올바르고 완전한지를 알 수 있다. 예수님을 더 많이 알아갈수록 그가 하나님의 아들이라는 사실은 더 분명해진다. 즉, 낙원에 들어가고자 한다면 예수께서 무죄하심을 고백해야 한다.

예수님이 제공하시는 것을 간구하다

세 번째로 해야 할 일은 예수님이 베푸시는 구원을 간구하는 것이다. 누가가 기록한 두 강도에 관한 사실 중 주목할 만한 점은 두 강도 모두 예수님께 구원을 구했다는 것이다.

"달린 행악자 중 하나는 비방하여 이르되 네가 그리스도가 아니냐 너와 우리를 구원하라 하되"(눅 23:39).

이 강도는 십자가에서 예수 그리스도를 대면했으며, 구원을 구했으나 얻지 못했다. 이는 두려워할 만한 사실이다. 십자가에서 예수님을 만나고도 구원을 얻지 못할 수도 있다.

왜 그렇게 되었을까? 두 강도는 모두 악인이었고 둘 다 구원을 구했지만, 한 명만이 낙원으로 갔다.

회개하지 않은 강도는 구원을 구할 때 진지하지 않았다. 그는 예수님을 모욕했고 조롱조로 말했다. "네가 그리스도가 아니냐?"라며 비웃었다. 그는 입술로는 예수께 구원을 구했으나 마음속으로는 예수님을 신뢰하지 않았다. 예수님을 왕으로 받아들이지 않았다.

그의 요청에는 또 다른 문제가 있었다. 그가 구했던 구원은 예수님이 제공하시는 것이 아니었다. 그는 "너와 우리를 구원하라"고 말했는데, 이는 "그 십자가에서 내려가 나도 구해내라"는 말이었다. 즉, 그가 구한 것은 영생이 아니라 육신의 구원이었다. 그는 영혼의 구원을 얻으려 한 것이 아니라, 단지 지금 당장 자신의 몸을 지키는 데 몰두했다.

물론 예수님은 그 강도를 십자가에서 구해내실 수도 있었다. 하지만 예수님께는 더 중요한 일이 있었다. 사람들의 죗값을 지불하는 일, 사망에 대한 영원한 승리를 얻는 일, 영생에 이르는 길을 여는 일 등이었다.

예수님의 친구가 되어 낙원으로 초청받은 강도는 이런 일들을 어느 정도 알았던 것이 분명하다. 왜냐하면 그는 회개하지 않은 강도와는 정반대로 행동했기 때문이다. 그는 예수께서 베푸시는 구원을 간구했다.

"예수여 당신의 나라에 임하실 때에 나를 기억하소서"(눅 23:42).

회개한 강도는 '영원한' 구원을 간구했다. 장래의 그 무엇을 예수께 간구했다. 그는 예수께서 당신의 나라에 임하실 때 기억해 주시기를 요청했다. 그는 이생의 일시적인 곤경으로부터의 구원이 아닌 영원한 구원을 간구했다.

또한 그는 예수님이 십자가 위에서 과업을 완료하실 때까지 그 구원을 기다려야 함을 이해한 것 같다. 만약 예수님이 십자가에서 내려오셨다면 아무도 구원하지 못하셨을 것이다. 회개하지 않은 강도의 문제점이 바로 그것이었다. 그는 예수님이 십자가를 떠나시길 원했다. 그러나 예수님은 구원을 이루기 위해 십자가에 머무르셔야 했다. 누군가를 구원하기 전에 그가 먼저 죽으셔야 했다. 죄로 인한 죽음을 완료하신 후에야 비로소 구원을 베푸실 수 있었다.

회개한 강도도 '개인적인' 구원을 간구했다. 그는 바로 옆 십자가에 달리신 분께 "예수여" 하고 불렀다. 복음서의 다른 곳에서는 예수님을 그렇게 부른 예가 발견되지 않는다. 대개 사람들은 예수님을 "선생님"이나 "주"로 지칭했다. 하지만 그 강도는 예수님을 친밀하게 이름으로 불렀다. 개인적인 구원을 간구하고 있었기에 개인적인 호칭을 사용한 것이다.

예수께서 제시하시는 구원이 바로 그런 것이다. 예수님이 십자가 위에서 이 강도에게 하신 말씀 중, 중요한 단어는 "낙원"이다. 예수님은 회개하는 죄인들을 위해 천국에 거처를 예비하러 가셨다(요 14:1-6 참조). 그러나 사실상 구원은 낙원에 대한 것이 아니다. 예수께서는 낙원보다 더 나은, 당신과의 친밀한 관계를 제시하셨다. "오늘 네가 '나와 함께' 낙원에 있으리라"고 예수님이 말씀하셨다. 예수님과 함께 있기 때문에 낙원은 낙원다워진다. 회개한 강도는 십자가에 달려 있는 중에, 일생토록 기다려 왔었던, 살아 계신 하나님과의 개인적이고 친밀한 사랑의 관계를 마침내 발견했다.

구원이 행운의 문제는 아니지만, 누구나 회개한 강도처럼 행운아가 될 수 있다. 구원은 하나님의 은혜에 관한 문제이다. 그 은혜를 받아야 한다. 회개한 강도가 그랬듯이, 당신도 십자가에서 예수님을 만날 수 있다. 하지만 먼저 자신이 죄인임을 시인해야 하며 예수님이 무죄하심을 고백해야 한다. 또한 그가 베푸시는 영원하고도 개인적인 구원을 간구해야 한다. 그렇게 할 때, 예수님이 그 강도에게 말씀하신 것과 똑같은 대답을 해주실 것이다.

"내가 진실로 네게 이르노니 오늘 네가 나와 함께 낙원에 있으리라"(눅 23:43).

THE
LAST WORDS

●

예수님이 남기신 14가지 말씀

"여자여 보소서 아들이니이다……
보라 네 어머니라"(요 19:26-27).

03
가족의 끈

•

Family Ties
필 라이큰

 십자가에서 하신 처음 두 말씀에서 예수님은 대적들을 용서하셨고 친구를 낙원으로 초청하셨다. 그리고 이제 주님은 가족의 상황에 관심을 보이신다. 그 일이 무엇인지를 이해하기 위해서는 먼저 예수님의 가족사를 살펴볼 필요가 있다.

누가 내 어머니이며 내 동생들이냐
 예수님의 잉태는 소위 혼전임신의 의구심을 불러일으킬 만한 상황이었다. 마리아와 요셉은 결혼을 약속한 상태로 아직 성관계를 갖기 전이었다. 하지만 마리아는 자신이 임신한 사실을 발견했다. 이에 천사가 나타나 마리아와 그녀의 약혼자에게 그 아이가 성령에 의해 잉태된 것이라고 설명해 주었다. 그들은 하나님을 믿었지만, 그 사실은 누구도 이해하기 힘든 것이었다. 나사렛 사람들은 마리아가 결혼도 하지 않은 상태에서 너무 앞서 갔다고 생각했을 것이다. 작은 마을에서 험담의 대상으로 살아가기란 너무나 힘든 일이었을 것이다. 예수님이 태어나신 후에도 여전히 마리아는 위협을 느꼈을 것이다. 그녀는 예수님을 예루살렘 성전으로 데려가 할례를 받게 했는데 그때 이 예언을 들었다.

"칼이 네 마음을 찌르듯 하리니"(눅 2:35).

이런 말을 듣는 아이 엄마의 마음은 어떠했을까. 그 후에 그들은 애굽으로 잠시 피신을 하게 되었다. 왕이 태어났다는 이야기를 들은 헤롯왕이 위협을 느끼고 베들레헴과 그 주변의 모든 유아들을 죽이도록 지시했기 때문이다. 그래서 요셉은 마리아와 어린 예수님을 데리고 애굽으로 떠났다(마 2:7-18). 어린아이를 업고 나귀에 짐을 싣고서 먼 이국땅으로 향하기란 결코 쉽지 않았을 것이다.

예수님이 열두 살이 되던 해 유월절을 지키기 위해 가족과 함께 예루살렘으로 간 적이 있었다. 절기가 끝난 후 하룻길을 걸어 나사렛으로 향하고 있을 때, 마리아와 요셉은 친지들의 행렬 속에 예수님이 없는 것을 알게 되었다. 깜짝 놀란 마리아와 요셉은 황급히 예루살렘으로 되돌아갔다. 아마도 쇼핑몰에서 아이를 잃어버린 것 같은 심정이었으리라. 사흘 후에 마침내 예수님을 찾았는데, 예수님은 성전에서 학자들과 신학 토론을 하고 계셨다. 마리아가 "아이야 어찌하여 우리에게 이렇게 하였느냐 보라 네 아버지와 내가 근심하여 너를 찾았노라"(눅 2:48)고 하자 예수님은 "내가 내 아버지 집에 있어야 될 줄을 알지 못하셨나이까"(눅 2:49)라고 반문하였다.

예수님은 결코 문제아가 아니었다. 도리어 그는 부모에게 순종하는 착한 소년이었다(눅 2:51). 그러나 예수님이 점차 자라면서 하나님의 아들로서의 유일무이한 정체성과 구세주로서의 사역이 가족의 끈을 팽팽하게 긴장시킨 것이다.

예수께서 가르치는 사역을 시작하시자 그 긴장감은 한층 더 심해졌다. 일종의 순회 설교자가 됨으로써 가족의 일을 접으신 것이다. 사역을 시작하면서 이웃의 따돌림에 직면하신 예수님은, "선지자가 고향에서는 환영을 받는 자가 없느니라"(눅 4:24)고 말씀하셨다. 그들은 예수님을 동네 밖으로 내쫓았다.

마리아가 예수님의 사역을 도우려고 했던 적이 있었다. 그들이 참석한 가나의 혼인 잔치에서 포도주가 바닥이 난 것이다. 마리아는 무슨 조치를 취해야 한다는 식으로 예수님에게 말했다. 그러자 예수님은 "여자여 나와 무슨 상관이 있나이까 내 때가 아직 이르지 아니하였나이다"(요 2:4)라고 말씀하셨다. 하나님의 아들로서의 정체성이 마리아의 아들로서의 정체성보다 우선시되어야 했다.

한번은 마리아와 그녀의 아들들이 인근 마을에서 예수님이 가르치고 있다는 말을 듣고는 찾아갔다. 하지만 큰 무리 때문에 바깥쪽에서 잠시 기다려야 했는데, 누군가가 예수님께 이 소식을 전해 주었다.

"당신의 어머니와 동생들이 당신께 말하려고 밖에 서 있나이다"(마 12:47).

그러자 예수님은 "누가 내 어머니이며 내 동생들이냐"(마 12:48)라고 대답하셨다. 그리고 제자들을 가리키면서 "나의 어머니와 나의 동생들을 보라 누구든지 하늘에 계신 내 아버지의 뜻대로 행하는 자가 내 형제요 자매요 어머니이니라"(마 12:49-50)고 말씀하셨다. 예수님은 하나님의 뜻을 행하는 자들이 곧 자신의 가족임을 영적으로 재규정하셨다.

십자가에서 끊긴 가족의 끈

이전에도 가족의 끈은 팽팽히 긴장되어 있었지만, 십자가 위에서 그 끈은 완전히 끊어져 버렸다. 십자가 처형을 당하는 장남의 모습을 보면서 마리아가 겪은 고뇌는 엄청났을 것이다. 그때 예수님은 마리아에게 "여자여 보소서 아들이니이다"(요 19:26)라고 말씀하셨다. 예수님은 그녀를 "어머니"라고 부르지 않으셨다. 마리아는 더 이상 그의 어머니가 아니었고, 예수님은 더 이상 그녀의 아들이 아니었다.

바로 그 순간까지도 마리아는 자기 아들이 죽지 않기를 바랐을 것이다. 그녀는 예수가 이적을 행할 수 있으며, 천사들을 부를 수도 있고, 스스로 십자가에서 내려올 수도 있음을 알고 있었다. 하지만 "여자여 보소서 아들이니이다"라는 말을 듣고는 예수가 자기에게 죽음에 임박한 작별 인사를 하고 있음을 짐작했다. 그 말은 그녀가 오래도록 두려워해 왔던 "마음을 찌르는 칼"이었다.

칼로 찌르는 것 같은 그 말씀에는 자상한 배려의 마음이 들어 있었다. 예수님의 "여자여"라는 호칭에는 애틋한 사랑의 마음이 담겨 있었다. 예수님은 마리아를 사랑하는 제자에게 보살펴 달라고 했는데, 아마 그 제자는 요한이었을 것이다. 그는 예수님의 사랑을 받은 자요 십자가 처형을 목격한 자였다. 요한은 마리아를 자신의 어머니처럼 돌볼 책임을 맡았고, 그분의 당부대로 했다.

"그 때부터 그 제자가 자기 집에 모시니라"(요 19:27).

예수님은 이 장면을 통해 부모에 대한 사랑을 가르쳐 주신다.
너무나 당연한 도리를 여기서 언급하는 것은, 우리가 가족의 끈이 끊어지는 것을 당연시하는 문화 속에 살고 있기 때문이다. 로버트슨 맥퀼킨(Robertson McQuilkin)은 가족 사랑에 관한 현대인들의 태도를 다음과 같이 간략히 언급했다.

내가 참석했던 한 연수회에서 어느 전문가가 말하기를, 사람들이 가족 구성원을 요양 시설보다는 집에서 보살피려 하는 건 경제적인 여건과 죄책감 때문이라고 했다. 후에 나는 그녀와 개인적으로 이야기를 나누면서, 다른 이유들을 유도해 내보려 했다. 하지만 그 두 가지 이유 외에는 없다는 것이 그녀의 단호한 주장이었다. 내가 "사랑하기 때문에 그런 건 아닐까요?" 하고 묻자, 그녀는 "그것마저 죄책감 아래에 있는 것일 뿐이죠"라고 대답했다.[3]

우리는 오래되고 낡은 것을 무시하며 심지어 폐기하는 문화 속에서 살고 있다.

하지만 예수님의 가르침은 정반대다. 그는 형제자매를 사랑하고, 자녀를 소중히 돌보며, 또한 부모를 공경하도록 가르치신다 (출 20:12 참조). 가족 구성원들 특히, 연로한 이들의 필요를 살필 것을 가르치신다. 그는 자신이 더 이상 어머니를 직접 보살필 수 없는 시점에서도, 가장 신뢰할 만한 친구에게 어머니를 맡기셨다. 어머니에게 거주할 곳과 먹을 음식이 계속 제공되며 가족의 사랑과 후원이 주어지길 원하셨다. 이에 윌리엄 바클레이(William Barclay)는 다음과 같이 말했다.

> 십자가의 고통 속에서도, 세상 구원의 임무를 수행하는 와중에도, 예수께서 모친의 안위를 생각하셨다는 사실은 무한한 감동을 준다.[4]

새로운 가족의 끈

예수님이 어머니를 위해 하신 일이 하나 더 있다. 그것은 가장 중요한 일로, 마리아와 아들로서 연결되었던 끈을 끊음과 동시에 마리아의 구주로 그녀와의 새로운 영적 관계를 세우신 것이었다.

마리아는 예수님을 말구유에서 처음 만났다. 그분을 맨 처음 만난 사람이 바로 그녀였다. 그녀는 복중에서 그분이 뛰노는 걸 느꼈고, 그를 낳아 팔에 안았으며, 젖을 먹여 키웠다. 하지만 마리아가 예수님을 자신의 구주로 만나게 된 것은 십자가에서였다. 마리아가 구주로서의 예수님을 발견하기 위해서는 아들로서의 그를 잃어야 했다. 마리아는 다른 제자들과 함께 자신의 자리에 있어야 했다. 즉 죄인으로서 십자가 아래에 서 있었다. 그녀는 자신의 죄를 대신하신 예수님의 죽음을 필요로 했다.

십자가에서 죽어가는 아들을 바라보는 마리아의 고통을 묘사한 토마스 워턴(Thomas Warton)의 시가 있다.

> 아래를 보라!
> 그리스도께서 달리신 그곳,
> 울며 서 있는 마리아,

> 하염없이 흐르는 눈물, 가슴을 치며,
>
> 긴 머리를 눈물로 적신다 –
>
> "내 고통스러운 머리를 어디다 둘꼬?
>
> 내 아들, 나의 왕, 나의 하나님이 죽으셨도다!"[5]

마지막 행은 마리아와 예수님의 관계가 어떻게 변화되었는지를 설명해 준다. "내 아들, 나의 왕, 나의 하나님." 처음에 예수님은 그녀의 아들이었다. 그러나 이제 예수님은 그녀의 하나님이요 왕이시다. 왜냐하면 그녀는 십자가에서 그를 만났기 때문이다.

만일 마리아가 십자가에서 예수님을 만나야 했다면, 우리도 그래야 한다. 또한 마리아가 십자가 앞에 죄인으로 서야 했다면, 우리도 그래야 한다. 마리아가 그녀의 죄를 대신하여 죽으신 예수님을 필요로 했다면, 우리도 그러하다. 만일 마리아가 구원을 얻기 위해 예수님을 의지해야 했다면, 우리도 그래야 한다.

우리가 십자가에서 그런 식으로 예수님을 만나면, 놀라운 일이 일어난다. 하나님 가족의 일원이 되는 것이다. 마리아가 그렇게 되었다. 예수님이 죽었다가 다시 살아나 승천하신 후에, 첫 그리스도인들은 갈랍산에 위치한 어느 집 다락방에서 모여 기도

하고 있었다. 성경은 그곳에 있던 몇몇 제자들의 이름을 언급하고서 이렇게 전한다.

> "여자들과 예수의 어머니 마리아와 예수의 아우들과 더불어 마음을 같이하여 오로지 기도에 힘쓰더라"(행 1:14).

이는 마리아의 새 가족을 보여 주는 스냅 사진이다. 그녀는 그리스도 안에서 형제자매 된 자들과 함께 있었으며, 예수 그리스도 안에서 함께 누리는 구원으로 인해 하나님을 찬양했다. 옛 가족의 끈은 끊어졌으나, 예수님은 새 가족의 끈을 마련해 주셨다.

우리도 그 가족에 속할 수 있다. 만일 마리아처럼 십자가에서 예수님을 만나고 자신이 죄인임을 시인하며 우리 죄를 대신하여 십자가에서 죽으신 예수님을 의지한다면, 하나님의 가족으로 환영받을 것이다. 예수께서 베푸시는 구원을 받아들일 때, 하나님은 우리를 당신의 자녀로 맞아 주신다.

하나님의 자녀는 새로운 가족의 끈이 예전에 경험했던 것보다 훨씬 더 튼튼함을 발견한다. 가정 파탄을 겪은 사람이라면, 갈망하곤 했던 가족을 예수님 안에서 경험할 수 있다. 예수님은 예전에 꿈도 꾸지 못했던 후원과 애정, 친밀감 그리고 기쁨을 얻도록 우리를 초청하신다. 사랑으로 강한 유대감을 지닌 가족이라도 새로운 영적 가족이 훨씬 더 튼튼한 관계를 지니고 있음을 알게 될 것이다. 그 이유는 하나님의 사랑에 의해 결합되었기 때문이다. 심지어 그 관계는 죽음에 의해서도 끊어지지 않을 것이다.

"내가 목마르다"(요 19:28).

04
인간이신 예수

●

Human After All
필 라이큰

　예수 그리스도는 이제 자신의 고통을 말씀하신다. 앞의 세 가지 말씀에서, 그는 그곳에 모인 이들에게 풍성한 유산을 남겨 주셨다. 우선 핍박하는 자들을 무조건 용서하셨고, 회개한 강도에게는 낙원을 약속하셨으며 모친을 위해서는 친구의 보살핌을 구하셨다. 예수님이 십자가 위에서 하신 네 번째 말씀은 "내가 목마르다"이다. 이는 예수님이 누구이며 그가 십자가에서 한 일이 무엇인지를 알려 준다. 그는 자신의 죽음을 통해 사람들에게 생수를 제공하신 것이다.

예수님의 목마름

예수님은 진짜로 갈증을 느끼셨다. 부상당한 사람들은 극심한 갈증을 느끼기 마련이다. 피를 많이 흘려서 수분이 고갈되기 때문이다. 예수님의 탈수증은 극심했을 것이다.

예수님이 갈증을 진짜 느꼈다는 것은 그분이 인간이었기 때문이다. 하나님은 갈증을 느끼지 않으신다. 그분께는 결코 결핍함이 없다. 천사들도 영적 존재이므로 신체적인 불편함을 느끼지 않기에 갈증을 느끼지 않는다. 이성적인 존재 중 오직 사람만이 갈증을 느낀다. 십자가에서 예수 그리스도께서 느끼셨던 갈증은 죽어가는 '인간'의 갈증이었다. 이는 그가 사람이셨음을 나타내는 증거다.

성경은 예수님이 온전히 하나님이시며 또한 온전히 사람이심을 가르친다. 그는 사람이어야만 했다. 우리를 구원하기 위해, 우리를 대신하여 죽기 위해, 우리의 죗값을 대신 지불하기 위해 우리와 같은 인간이어야만 했던 것이다.

세상 사람들은 예수님이 인간이셨음을 이해하는 데 별 문제를 느끼지 않는다. 하나님과의 개인적인 관계를 맺지 않는 대부분의 사람들도 나사렛 예수라는 사람이 실제로 이 땅에서 살았다는 사실은 받아들인다. 예수님은 고대의 인물 중 가장 널리 알려진 분 아닌가. 예수님에 대한 신빙성 있는 역사적 증거가 많으므로 그의 존재 자체를 거부하는 이들은 별로 없다.

오히려 그리스도인들이 예수 그리스도의 인성에 대해 난해함을 느낀다. 믿지 않는 자들이 하나님이신 예수님에 대해 의문을 표한다면, 그리스도인들은 그가 사람이 되셨다는 점을 망각하는 경향이 있다. 그리스도인들은 예수님이 이 땅에서 사셨던 실제 사람이라는 점을, 그래서 그 또한 땀과 먼지에 젖었으며 피곤해하고 허기를 느꼈다는 점을 믿기 힘들어 하는 경우가 더러 있다. 이러한 이들은 하나님이 사람이 되셨다는 사실, 특히 그가 십자가에서 죽으셨다는 사실을 수치스럽게 느낄 수 있다.

예수님은 목마르셨다! 우리는 목마름이 무엇인지를 안다. 육체를 지니고 있기 때문에 갈증을 느끼는 것이다. 사막에서, 오래도록 걸은 후에, 농구를 한 후에, 또는 여름의 무더위 속에서 우리는 갈증을 느낀다. 그리고 예수님은 십자가에서 목이 마르셨다. 그는 사람이셨다.

약속된 목마름

우리는 예수님이 왜 사람이 되셔야 했는지를 알고 있다. 예수님은 우리를 구원하기 위해 우리아 같은 사람이 되셨다. 예수님이 십자가에서 느끼신 갈증은, 그가 오래전부터 약속된 구주이심을 나타내는 것이기도 했다. 그가 "내가 목마르다" 하신 것은 "성경으로 응하게 하려" 하심이었다.

예수님은 오래전부터 선지자들을 통해 예언된 구세주였다. 그분은 하나님이 구약성경에 제시하셨던 메시아에 관한 예언을 모두 갖추고 성취하셨다. 구약성경을 더 많이 읽을수록, 예수 그리스도를 더 많이 알아갈수록, 그가 하나님에 의해 약속된 구세주라는 사실을 또렷이 알 수 있다.

구약성경은 구주가 가까운 친구에게 배신당하실 것을 예고했는데(시 41:9), 실제로 그분은 제자들 중 한 명에게 배신당하셨다(마 26:48-49). 또한 구약성경은 구주가 온전히 결백함을 예고했는데, 본디오 빌라도는 예수님에게 사형선고를 내리며 "나는 그에게서 아무 죄도 찾지 못하였노라"(요 18:38)고 말했다.

구주께서 조롱당하실 것을 예고한 시편 22편 7-8절 말씀대로 예수님은 눈이 가려진 채 모욕과 매질을 당하고 가시 면류관을 쓰셨다(막 15:16-20). 그리고 구주께서 죄인으로 간주되실 것이라고 하신 이사야 53장 12절의 말씀대로 예수님은 두 명의 죄수들과 함께 십자가에 달리셨다(눅 23:32-33).

또한 시편 22편 16절의 말씀에서 예고한 대로 예수님이 십자가에 달리실 때 그 손과 발에는 대못이 박혔다. 그뿐만 아니라 구약성경은 시편 22편 18절의 말씀에서 악인들이 구주의 옷을 두고 제비뽑기를 할 것임을 예고했는데, 누가복음 23장 34절의 말씀은 예수님을 못 박았던 군병들이 그분의 옷을 제비뽑기로 나눠 가졌다고 기록하고 있다.

구약성경은 구주께서 하나님으로부터 버림받고(시 22:1) 그 **뼈**가 꺾이지 않으며(시 34:20), 또한 부자의 무덤에 묻히실 것(사 53:9) 또한 예고했는데, 이 모든 일들이 이루어졌다. 예수님은 "나의 하나님, 나의 하나님, 어찌하여 나를 버리셨나이까"(마 27:46) 하며 외치셨고, 창이 예수님의 옆구리를 찔렀으나, 그 뼈는 부러지지 않았으며(요 19:31-36), 예수님은 아리마대의 요셉이라는 부자의 동산 묘지에 묻히셨다(마 27:57-60). 이 모든 일들은 예수님이 이 땅에 오시기 수 세기 전에 예언되었고, 그분의 고난과 죽으심을 통해 모두 성취되었다. 이러한 예언을 통해 예수 그리스도의 유일무이한 정체성을 확신할 수 있다.

이뿐만 아니라 구약성경에는 구주의 목마름에 관한 예언도 있다. 다윗은 시편 22장 14-15절에서 이렇게 말했다.

"나는 물 같이 쏟아졌으며……내 마음은 밀랍 같아서 내 속에서 녹았으며 내 힘이 말라 질그릇 조각 같고 내 혀가 입천장에 붙었나이다 주께서 또 나를 죽음의 진토 속에 두셨나이다"(시 22:14-15).

이 내용 역시 성취되었다. 예수님은 마치 물처럼 쏟아지셨고, 그의 힘은 질그릇 조각처럼 말라버렸으며, 그의 혀는 입천장에 붙었다. 그는 오로지 "내가 목마르다"는 말씀만 하실 수 있었다. 그것은 성경에 예언된 죽음의 갈증이었다. 예수 그리스도는 사망의 진토에 놓였고 거기서 극한의 갈증을 느끼셨다.

목마른 구주께 건네진 마실 것에 관한 예언도 있다. 요한은 당시의 상황을 이렇게 기록했다.

"거기 신 포도주가 가득히 담긴 그릇이 있는지라 사람들이 신 포도주를 적신 해면을 우슬초에 매어 예수의 입에 대니"(요 19:29).

다윗은 시편 69편에서 주의 종이 대적들에게 어떤 조롱과 모욕과 수치를 당하는지를 토로한 후 다음과 같이 말했다.

"목마를 때에는 초를 마시게 하였사오니"(시 69:21).

이처럼 작은 부분에 이르기까지, 십자가 처형은 메시아에 관한 예언의 성취였다. 이 모든 일들은 성경이 사실임을 그리고 예수 그리스도께서 구세주이심을 입증한다.

예수님도 그 점을 염두에 두셨다. 그는 의도적으로 구약성경을 성취하셨다. 그가 목마르다고 말씀하신 이유에 대해, 요한은 성경으로 응하게 하려 하심이라고 설명한다. 예수 그리스도의 고난과 죽음에서 성취된 약속들을 보면, 그 일들 대부분이 그분의 의도에 따라 일어난 것이 아님을 알 수 있다. 그는 자신을 배신하지 않으셨다. 자신을 거짓으로 고발하지 않으셨다. 자신을 조롱하거나 자신의 손발에 못을 박지도 않으셨다. 그는 자기 옷을 제비뽑기로 나누거나 자신의 뼈가 부러지지 않게 하지 않으셨으며, 자신을 부자의 무덤에 묻지 않으셨다. 그 모든 것은 하나님의 계획을 성취하기 위해 다른 사람들이 예수께 행한 일들이었다.

하지만 예수님은 "내가 목마르다"라고 친히 말씀하셨다. 그는 자신이 구세주임을 알고 계셨다. 그래서 구세주에 관해 성경이 예언한 대로 목마름을 호소하고 신 포도주를 요청하셨다. 갈증을 호소함으로써 자신의 고난이 죄인들을 구원하기 위해 구세주가 당해야 했던 고난임을 분명히 하셨다.

해소된 목마름

〈태양의 제국〉(The Empire of the Sun)이라는 영화에는 치명적인 갈증을 생생하게 묘사하는 장면이 나온다. 제2차 세계대전 당시 중국에 거주하고 있던 어느 부유한 영국인의 아들은 피난 중에 가족을 잃어버렸고 어느 누구에게도 보살핌을 받지 못했다. 그 소년은 집으로 돌아가 남은 음식으로 한동안 버텼지만 음식이 다 떨어지자 심한 갈증에 시달리게 되었다. 심지어 집안 수영장까지 말라버린 상태였다. 소년은 부엌으로 들어가서 남은 음식이라면 무엇이든 바닥까지 핥아 먹었다.

이 소년의 모습은 이 세상을 살아가며 갈증을 느끼는 우리의 모습과 같다. 우리는 목마른 사람들이다. 무엇인가를 갈망하며, 영혼의 갈증을 풀어줄 무언가를 찾아다닌다. 물질적인 것들이 자신의 갈증을 해소해줄 것이라고 생각해 각종 물건을 구입해 쌓아 두지만 여전히 목마르다. 육체적 사랑이 자신의 갈증을 해소해줄 거라고 생각해 이리저리 곁눈질하며 정욕을 추구하지만 여전히 갈증은 풀리지 않는다. 성공이 갈증을 풀어줄 거라고 생각해 다른 사람을 짓밟고서라도 성공을 추구하지만 갈증은 여전하다. 이 모든 것들은 소금물과 같다. 갈증을 풀어줄 것처럼 보이지만, 예전보다 더 심한 갈증에 빠져들게 만든다.

어떤 이들은 영원히 갈증에 시달릴 것이다. 예수님은 죽어서 지옥으로 간 부자에 관해 말씀하셨다(눅 16:19-31). 그는 너무 심한 갈증에 누군가가 "손가락 끝에 물을 찍어" 자신의 혀를 적셔주기를 간청했다. 물 한 방울에 자신의 영혼이라도 팔 것 같았다.

예수 그리스도가 십자가 위에서 겪으신 갈증이 그런 것이었다. 그는 우리를 위해 지옥 불을 끄려고 지옥의 갈증과 사망의 갈증을 견디셨다. 청교도인 매튜 헨리(Matthew Henry)는 이렇게 설명했다.

> 혀를 서늘하게 해줄 한 방울의 물을 간구하는 부자에게서 볼 수 있듯이, 지옥의 고통을 대표하는 것은 극심한 갈증이다. 만일 그리스도가 십자가 고난을 당하지 않으셨다면, 우리 모두가 그 영원한 갈증으로 고통당했을 것이다.

예수 그리스도께서 우리를 대신해 목마름을 겪으셨기 때문에 우리는 더 이상 갈증에 시달리지 않아도 된다. 우리가 이생에서 진정으로 갈급해야 하는 건 물질, 육체적 사랑, 성공, 또는 물이 아니라 그리스도와의 개인적인 관계다. 예수님의 말씀에 귀 기울이라.

> "누구든지 목마르거든 내게로 와서 마시라 나를 믿는 자는 성경에 이름과 같이 그 배에서 생수의 강이 흘러나오리라" (요 7:37-38).

주님께서 우리에게 주시는 이 생수는 풍족한 유산이다. 만일 심령 속에 이 세상 것으로는 결코 해소할 수 없는 어떤 갈증이 있다면, 예수님의 초청에 귀를 기울이라. 목마른 자는 "누구든지" 오라고 하신다. 그를 믿는 자는 누구든지 영원한 샘에서 생수를 마실 수 있다. 목마르신 그리스도를 십자가에서 만나라. 그러면 당신의 영혼은 다시는 목마르지 않을 것이다. 호라티우스 보나르(Horatius Bonar)는 이 같은 발견의 기쁨을 알고서 다음과 같이 이야기했다.

> "보라. 내가 생수를 거저 주노라. 목마른 자는 와서 마시고 생명을 얻으라"는 예수님의 음성을 나는 들었다.

나는 예수께로 가서 생명 시내에서 물을 마셨다.
나의 갈증은 사라졌고, 내 영혼은 소생되었으며,
또한 이제 나는 그분 안에서 살아간다.

"나의 하나님, 나의 하나님,
어찌하여 나를 버리셨나이까"(마 27:46).

05
버림받았으나, 버림받지 않으신

●

Forsaken, Yet Not Forsaken
필 라이큰

하나님께 버림받았다고 느껴본 적이 있는가? 조나단 코졸(Jonathan Kozol)은 『라헬과 그 자녀들』(*Rachel and Her Children*)이라는 책에서 이 세상을 살아가면서 하나님께 버림받았다고 느끼는 것이 어떠한지를 다루었다. 그 책에는, 집 없는 엄마들과 그 자녀들의 인터뷰 내용이 들어 있는데, 뉴욕의 노숙자 숙소에서 여러 해 동안 기거했던 한 여성은 자신의 신앙에 대한 속마음을 이렇게 털어놓았다.

나는 기도하지 않는다. 무엇을 위해 기도한단 말인가? 나는 평생 기도해왔지만 아직도 여기 있다. 이 숙소에 왔을 때만 해도 하나님을 믿었기에 "하나님이 우리를 도우시고 살려주실 거야"라고 말했다. 그러나 지금 나는 믿음을 잃었다. 소망도 잃었다. 모든 것을 잃었다. 그 누구도, 하나님과 예수님조차도 우리를 돕지 않을 것이다. 물론 하나님의 존재와 그분이 나를 용서하셨음을 나는 믿는다. 하지만 우리의 이런 모습을 보시는 하나님은 과연 어디에 계신가? 그는 어디로 가셨단 말인가?[6]

버림받은 아들

예수님도 십자가에서 같은 질문을 하셨다. 신성모독적인 표현을 사용하진 않으셨으나 '당신은 어디로 가셨습니까? 왜 나를 이처럼 죽게 버려두십니까?' 하는 마음이 그분의 탄식에 들어 있었다.

큰 소리로 부르짖는 건 십자가에 못 박힌 사람들의 전형적인 모습이었다. 혹자는 "분노와 고통의 비명 소리와 거친 저주 그리고 형언할 수 없는 절망감의 분출" 때문에 십자가 처형이 특히나 섬뜩하다고 했다.[7]

그러나 예수님의 외침은 그런 외침이 아니었다. 그것은 격분의 부르짖음이나 거친 저주 또는 형언할 수 없는 좌절감의 표출도 아니었다.

예수님의 부르짖음이 다른 이유는 그가 소망을 전혀 잃지 않으셨기 때문이다. 그는 유일하게 여기서 자신의 아버지를 "하나님"으로 불렀다. 극심한 고통 속에서도, 예수님은 여전히 기도하셨다. "'나의' 하나님, '나의' 하나님"이라고 개인적으로 부르며 아버지께 고하였다. 예수님의 크나큰 부르짖음은 극도의 소외와 포기에서 나오긴 했지만 그것은 질문이었을 뿐이다. 그것은 하나님께 버림받았다고 느끼는 사람의, 사망의 캄캄한 심연 속으로 들어가려 하는 사람의 부르짖음이었다.

십자가 위에서 예수님이 부르짖으신 질문은 약 천 년 전에 다윗 왕이 던졌던 질문이기도 하다.

> "내 하나님이여 내 하나님이여 어찌 나를 버리셨나이까 어찌 나를 멀리 하여 돕지 아니하시오며 내 신음 소리를 듣지 아니하시나이까 내 하나님이여 내가 낮에도 부르짖고 밤에도 잠잠하지 아니하오나 응답하지 아니하시나이다"(시 22:1-2).

하나님의 아들은 이 질문을 십자가 위에서 되풀이하셨지만 아무런 대답을 들을 수 없었다. 엘리야나 하나님이 예수님을 구하러 오는 일은 일어나지 않았다. 질문에 대한 응답은 단지 침묵과 어둠뿐이었다. 하나님으로부터 버림받음을 뜻하는 침묵과 하나님의 심판을 뜻하는 어둠이었다.

예수님이 죽음을 원치 않으셨다는 점은 놀라운 사실이 아니다. 십자가에서 버림받으시는 성자 하나님을 보면서, 우리는 십자가 처형을 앞두고 그가 공포에 떨었던 이유를 이해한다.

"예수님도 죽음을 원치 않으셨다." 이것은 필라델피아 제10장로교회에서 사순절 설교를 처음 할 때 내걸었던 홍보 문구다. 이 문구는 많은 관심과 논쟁을 불러일으켜 인근의 다른 교회들과 행인들로부터 걸려 온 전화를 받았으며 그리고 일간지 〈필라델피아 인콰이어러〉(Philadelphia Inquirer)도 관심을 표했다.

우리가 내건 홍보 문구의 말은 사실이다. 그가 아버지의 뜻에 순종하셨고 성도를 위한 사랑 때문에 기꺼이 죽음을 받아들이셨던 것이 사실이다. 하지만 예수님은 죽음을 원치 않으셨다. 그는 죽기 전날 밤에 영혼의 캄캄한 밤을 경험하셨다. 그날 밤 그는 어찌나 심한 고뇌에 빠졌던지 이마에서 핏방울 같은 땀이 흐를 정도로 간절한 기도를 드렸다(눅 22:44). 성자 하나님은 가능하다면 십자가 처형을 모면해달라고 성부 하나님께 기도드렸다(눅 22:42).

십자가 위에서의 부르짖음을 떠올리면, 우리는 왜 예수님이 그런 기도를 드리셨는지 이해할 수 있다. 십자가에서 버림받으시는 예수님을 묵상하면, 우리는 왜 그가 죽음을 원치 않으셨는지 이해할 수 있다. 십자가 처형은 그가 두려워했던 것만큼 무시무시했다. 육체적 고통으로 인한 공포는 아버지께 버림받았다는 심리적 고통 때문에 배가되었다. 분명 예수님은 그렇게 될 것을 알고 계셨다. 분명 그는 십자가 처형으로 인해 영원부터 아버지와 누렸던 친교가 깨질 것임을 알고 계셨다.

  선거에 출마하는 후보자들은 유권자들의 고통에 동감한다는 말을 자주 하는데 그들의 말들은 진심이 아닌 경우가 허다하다. 그러나 예수님은 우리의 고통을 직접 느끼셨다. 우리는 하나님이 왜 악을 허용하시는지에 대해 의아해할 수도 있다. 하나님께서 왜 어린아이들이 무참히 살해되는 것을 허용하시는지, 혹은 우리의 삶에서 발생하는 여러 비극들을 왜 허용하시는지에 대해 의구심을 가질 수도 있다. 그러나 하나님이 우리의 고통에 공감하신다는 사실은 의심하지 말라. 예수 그리스도께서 십자가에 못 박히실 때, 그는 극한의 육체적 고통을 당하셨다. 그것은 심한 고통 중에 서서히 죽어가는 고통이었다. 또한 십자가에 달렸을 때, 그는 절대적인 영적 고통, 즉 하나님으로부터 버림받는다는 것에 대한 고통을 당하셨다.

예수께서 당하신 고통은 그 어떤 사람이 겪은 것보다 더 심한 고통이었다. 육체적으로 예수님보다 더 큰 고통을 당한 사람이 있을 수도 있다. 그러나 그처럼 무죄한 사람은 없다. 예수님이 이 땅에 오기 전에 천상에서 아버지와 함께 누리셨던 것과 같은 친교를 경험한 사람은 아무도 없다. 따라서 예수님이 아버지로부터 버림받았을 때 느끼셨던 것 같은 충격을 경험해 본 사람은 아무도 없다.

우리가 십자가에서 만나는 예수님은 우리의 고통에 충분히 공감하실 수 있는 분이다. 그는 우리의 고통보다 훨씬 더한 고통을 당하셨다. 우리가 십자가에서 만나는 예수님은 전적으로 버림받는 것이 무엇인지를 아시는 분이다.

저주받은 죄

예수님은 단지 버림당했다고 느끼기만 하신 것이 아니라, 실제로 그는 버림을 당하셨다. "어찌하여 나를 버리셨나이까?"라는 처절한 질문은 직접 겪고 있는 경험에서 비롯되었다.

하나님 아버지와의 친밀한 관계가 무너지자, 예수 그리스도는 자신이 버림받았음을 아셨다. 그렇다면 왜 그런 일이 일어났을까? 성부 하나님은 왜 성자 하나님을 십자가에서 버리셨을까? 우리는 이를 제대로 이해하지도 설명하지도 못한다. 위대한 신학자 마르틴 루터는 "하나님에 의해 버림당하신 하나님, 누가 그것을 이해할 수 있을까?"라고 했다. 예수님마저 그것을 온전히 이해하실 수 없었다면, 우리가 이해하지 못하는 건 당연하다.

하지만 적어도 우리는 그 일이 예수께서 십자가 위에서 하신 일과 연관이 있다고 말할 수 있다. 예수님이 십자가에서 하신 일은 죄를 짊어지고 옮기는 것이었다. 자신의 어깨로 세상 죄를 지셨다. 마치 하나님이 성도들의 모든 죄를 거대한 양동이에 담아서 예수 그리스도의 어깨에 털썩 얹어 두신 것과 같았다.

"여호와께서는 우리 모두의 죄악을 그에게 담당시키셨도다" (사 53:6).

"하나님이 죄를 알지도 못하신 이를 우리를 대신하여 죄로 삼으신 것은"(고후 5:21).

죄를 아들의 어깨에 지우신 후에, 성부 하나님은 그 모든 죄를 내버리셔야 했다. 예수님이 십자가에서 우리 죄를 짊어지셨을 때, 성부 하나님은 그 죄나 당신의 아들을 계속 바라보고 계실 수 없었다. 눈을 가리고 등을 돌리셔야 했다. 그는 그 죄를 정죄하고 거부하며 저주하셔야 했다. 그리스도께서는 우리 죄를 옮기실 때 "우리를 위하여 저주를 받은 바"(갈 3:13) 되셨다. "나무에 달린 자마다 저주 아래에 있는 자"(갈 3:13)라 하였기 때문이다. 예수 그리스도께서는 우리 죄를 짊어지실 때 우리를 대신하여 저주가 되셨다. 그리고 우리를 대신하여 저주가 되자 하나님의 저주를 받으셨다. 하나님이 버리신 것은 당신의 아들이 아니라 그 아들이 짊어진 죄였다.

만일 하나님께서 죄를 어떻게 생각하시는지 그리고 그것을 어떻게 하시는지를 알고 싶다면, 십자가에서 거부와 버림을 당하신 예수님을 보라. 하나님의 진노와 저주는 죄에 가해짐이 마땅한 저주였다. 죄로 인한 저주와 죽음, 그것은 죄인들에게 가해짐이 마땅했다. 이 사실은 죄인인 우리의 마음속에 두려움을 일으킨다. 만일 하나님이 다른 사람들의 죄를 인하여 자신의 아들을 버리셨다면, 우리의 죄를 인하여 우리를 버리시지 않겠는가?

버림당하지 않는 죄인

하나님의 아들이 십자가에서 버림당하신 것은 두려운 일이지만, 회개하는 죄인들에게는 복된 소식이다. 그것이 복음인 까닭은 우리가 십자가에서 만나는 예수 그리스도는 인생의 모든 비극을 철저히 경험하신 분이기 때문이다. 육체적인 고통과 영적인 버림받음을 그 자신이 직접 경험했기 때문에, 예수님은 우리의 고통에 깊이 공감하신다.

하나님의 아들이 십자가에서 버림당하신 것이 복음인 또 하나의 이유는, 이것이 하나님의 자녀가 결코 버림받지 않을 것임을 뜻하기 때문이다. 하나님의 아들이 십자가에서 버림받으셨다. 죄가 십자가에서 버림당했다. 하지만 회개하는 죄인은 결코 버림받지 않을 것이다. 우리는 버림받을 필요가 없다. 예수 그리스도의 사람들은 그가 십자가에서 받으신 저주와 고통을 거칠 필요가 없다. 예수께서 자신의 사람들을 대신해서 그 모든 것을 십자가에서 대신하셨기 때문이다. 예수님이 십자가에서 목마르셨으므로 우리는 하나님을 향한 갈증에 시달리지 않아도 된다. 예수께서 하나님께 버림받으셨으므로 우리는 버림받지 않아도 된다.

예수께서 아버지로부터 완전히 버림받으시진 않았다는 사실에 강력한 소망이 있다. 그는 우리의 죄 때문에 하나님으로부터 분리되고 소외당해 고통으로 부르짖으셨다. 그리고 마침내 십자가에서 버림받으셨지만 그가 영원히 버림받으신 건 아니다. 십자가에서 예수님은 "아버지 내 영혼을 아버지 손에 부탁하나이다"(눅 23:46)라고 기도하셨다. 아버지와 아들 간의 끈이 다시 이어졌다. 아들이 말하고 아버지가 대답하셨다. 아들이 죽자 성부 하나님이 그 영혼을 받으셨다. 하나님은 예수님을 무덤에서 썩게 하지 않으시고, 사흘째 되던 날 다시 살리셨다. 예수님은 비록 우리의 죄 때문에 버림받으셨으나 영원히 버림받지 않으셨다.

우리도 버림받지 않을 것이다. 십자가로 나아가 예수 그리스도를 만나면 그는 우리를 버리지 않으실 것이다. 만일 우리가 우리 죄를 대신하신 그리스도의 희생을 받아들이고 우리의 죄를 예수님의 어깨에 내맡기면, 하나님은 우리를 버리지 않으실 것이다.

예수님은 당신께로 나아가는 모든 이들이 결코 버림받지 않을 것이라고 약속하신다. 그가 "나의 하나님, 나의 하나님, 어찌하여 나를 버리셨나이까?" 하고 먼저 부르짖으셨기에 그분께 속한 이들은 그런 말을 하지 않아도 된다. 예수님을 따르는 모든 이들에게 하시는 그분의 말씀에 귀 기울이라. 비록 이 세상에서는 집 없는 자처럼 느껴지더라도 하나님 안에서 우리는 언제나 집을 소유할 것이다.

"너희는 마음에 근심하지 말라……내 아버지 집에 거할 곳이 많도다……내가 너희를 위하여 거처를 예비하러 가노니 가서 너희를 위하여 거처를 예비하면 내가 다시 와서 너희를 내게로 영접하여 나 있는 곳에 너희도 있게 하리라"(요 14:1-3).

"내가 너희를 고아와 같이 버려두지 아니하고 너희에게로 오리라"(요 14:18).

"다 이루었다"(요 19:30).

06
완수된 사명

●

Mission Accomplished
필 라이큰

하던 일을 마무리하지 못한 채 남겨둔 경험이 있는가? 아마도 그럴 경우 우리의 생각은 끝내지 못한 일들에 온통 사로잡혀 있을 것이다. 반쯤 읽다가 서가에 꽂아 놓은 책, 반쯤 먹고 냉장고에 넣어 둔 음식, 치우다 만 세탁물 그리고 한동안 취미 생활로 만지작거리다 쓰레기 더미처럼 쌓아둔 모형 비행기나 퀼트, 운동 기구 등이 좋은 예일 듯하다.

예수 그리스도는 자신의 위대한 사명을 남겨두지 않으셨다. 그는 그것을 완료하셨다. 자신의 사명을 완수하셨다. 죽음이 임박했을 때 예수님은 신 포도주를 받은 후에 "다 이루었다"고 말씀하셨다. 그리고 돌아가셨다.

"다 이루었다"에 해당하는 신약성경의 헬라어는 단 한 단어다. 19세기의 위대한 설교가 찰스 스펄전은 이렇게 말했다.

> 이 한마디 말씀 속에 모든 내용이 다 들어 있다. 그것은 가히 측량할 수 없는 말씀이다. 너무 높아서 나로서는 거기에 도달할 수 없다. 너무 깊어서 헤아릴 수 없는 말씀이다.[8]

완전히 끝난 고난

그렇다면 예수님은 어떤 뜻으로 "다 이루었다"라고 말씀하셨을까? 우선 이 땅에서의 고난을 마감했다는 뜻을 내포하고 있다. 예수 그리스도는 시종일관 고난의 삶을 사셨다. 천상의 궁전을 떠나온 순간부터 십자가에서 흑암에 묻히는 순간까지 그분은 고난을 당하셨다.

예수님은 "자기를 비워 종의 형체를 가지사 사람들과 같이"(빌 2:7) 되셨다. 우리가 이미 알고 있듯 그는 가난한 가정의 자녀로 마구간에서 태어났다. 구유가 그의 침대였고, 짚은 그의 베개였다. 하지만 이제 그 모든 것이 완전히 끝났다.

예수님은 자기 땅에 오셨으나 그의 백성은 그를 영접하지 않았다(요 1:11). 그가 고향에서 설교를 시작하자, 이웃 사람들은 그를 돌로 위협하며 마을에서 쫓아냈다. 혈육들마저 그가 하나님의 아들이심을 믿지 않았다. 그는 머리 둘 곳도 없었다. 사람들은 그의 이적을 항상 믿지 않았고, 그의 가르침에 항상 순종하지 않았으며, 또한 그의 주장을 항상 받아들이지는 않았다. 하지만 그 모든 것이 이제 완전히 끝났다.

예수님은 멸시를 받아 사람들에게 버림 받으셨다(사 53:3). 제사장들과 정치인들이 그를 대적했다. 유대 왕은 무력으로 그를 핍박하여 애굽으로 피신하게 만들었고, 종교 지도자들은 그를 죽이기 위해 거짓으로 모함했다. 그의 가까운 친구들조차 그를 배신했다. 제자들 중 가장 믿을 만했던 베드로는 세 차례나 예수님을 부인했으며 저주하기까지 했다. 가까운 제자였던 가룟 유다는 은 삼십에 그를 배신했다. 하지만 그 모든 것이 이제 완전히 끝났다.

예수님은 "간고를 많이 겪었으며 질고를 아는 자"(사 53:3)였다. 그는 병사들과 죄수들에게 조롱당했다. 그들은 그의 머리에 가시관을 씌우고 매질하며 모욕한 후에 십자가에 못 박았다. 그리고 또다시 조롱했다. 그는 심한 갈증을 느꼈으며 극심한 고뇌를 겪었다. 십자가 위에서 아버지로부터 버림받았다. 하지만 이제 그 모든 것이 완전히 끝났다. 다시는 그 누구도 예수께 가시관을 씌우거나 그를 십자가에 매달지 않을 것이다. 왜냐하면 그가 자신의 고난을 완전히 끝냈기 때문이다.

완전히 끝난 사역

예수께서 끝낸 것은 그뿐만이 아니다. 만일 예수님이 십자가 위에서 완료하신 것이 고난뿐이었다면, 그의 삶은 비극적인 허비에 지나지 않았을 것이며, 그의 죽음은 다른 여느 죽음과 다르지 않았을 것이다.

살라딘(Saladin, 1137-1193)의 비극적인 죽음에 대해 생각해 보라. 살라딘은 12세기 이집트의 술탄이자 군사 지도자로서 제3차 십자군 전쟁 때 십자군들을 격파했다. 죽음이 임박했다는 것을 알았을 때 술탄은 기수더러 자신의 수의를 창끝에 매달아 진영을 두루 다니라고 지시했다. 그리고 모든 정복과 승리 후에 남은 건 자신의 시신을 감쌀 흰 수의뿐이라고 말하라고 명했다.[9]

이렇듯 살라딘이 생을 마감했을 때 보여 줄 건 수의뿐이었다.

그러나 예수 그리스도에게는 자신의 삶과 죽음을 통해 보여 줄 것이 있었다. 그의 죽음은 단순한 삶의 끝이 아니라 사명 완수였다. "다 이루었다"는 말씀은 자신의 임무와 과업을 완수하셨다는 선언이었다. 그가 완료한 것은 죄로 인한 고난이었다. 하지만 그것은 비극적인 고난이 아니라 구원의 고난이었다.

예수님이 십자가에서 죽으시기 전에 인류는 죄에 속박된 상태였다. 죄의 종으로 팔린 우리는 죽어 마땅했다. 우리를 구속하여 죄와 사망으로부터 건지기 위해서는 대가가 필요했다. 하지만 구속의 대가는 완전한 희생 제사로, 우리가 지불할 수 없는 것이었다. "다 이루었다"는 말씀은 그 대가를 온전히 지불하셨음을 뜻한다. 그리스도는 우리를 위해 죽으셨고, 자신을 무죄한 희생 제물로 드려 죗값을 지불함으로써 우리의 자유를 되사셨다.

"다 이루었다"는 말은 헬라인들의 재정적 계약에서도 사용되었는데 판매원은 영수증에 이 말을 써서 "완불"을 표현했다. 구매한 상품에 대해 더 지불할 금액이 없음을 표시한 것이다.

"이루었다"는 예수님이 십자가에서 행하신 일을 표현하는 말로, 예수님은 십자가에서 죗값을 온전히 지불하셨다. 죄로부터 우리를 구속하시는 사역은 완전하고 최종적이었다. 예수님은 모든 고난을 당하셨고, 그 모든 일을 하심으로써 모든 것을 완료하셨다. 온전한 속죄를 이루셨다. 예수님을 의뢰하는 자들은 죄로부터 다시 사는 은혜를 입게 된 것이다. 그들에게는 빚이 없다. 구원을 위해 더 이상 무언가를 지불할 필요가 없게 되었다.

"다 이루었다"는 말씀은 안도의 한숨이나 체념의 신음이 아니라 승리의 선언이었다. 기쁨과 승리의 탄성, 환희의 탄성이었다. "내가 마침내 해냈다!"는 외침이었다. 그는 십자가에서 중차대한 사명을 완수하셨다.

물론, 예수님이 해야 할 일이 한두 가지 더 남은 상태이긴 했다. 그는 무덤에 묻힌 후 다시 살아나 승천하셔야 했다. 그리고 이 세상을 심판하며 당신께 속한 자들을 영원한 본향으로 데려가기 위해 재림하셔야 한다. 하지만 예수 그리스도께서 십자가에 달려 "다 이루었다" 하며 숨을 거두셨을 때, 그의 사역은 이미 끝난 거나 다름없었다. 죗값 지불을 완료하셨기 때문이다.

성경은 예수님이 자신의 사명을 완수하기 전까지 죽지 않으셨다고 전한다. 그리고 목격자인 요한은 예수께서 머리를 숙이셨고, 그 후에 "영혼이 떠나가시니라"(요 19:30)고 기록했다. 오직 예수님만이 자신의 영혼을 거두실 수 있었다. 다른 모든 인간들에게 죽음은 불가피한 것이다. 사람은 죽을 수밖에 없는 존재다. 그러나 예수님은 영원하신 하나님의 아들로, 사람일 뿐만 아니라 하나님이기도 하시다. 그의 죽음은 자발적인 제사여야 했다. 예수님의 생명은 그에게서 거둬진 것이 아니다. 그 자신이 삶을 끝내셨다. 한번은 예수께서 이렇게 말씀하셨다.

"내가 내 목숨을 버리는 것은 그것을 내가 다시 얻기 위함이니 이로 말미암아 아버지께서 나를 사랑하시느니라 이를 내게서 빼앗는 자가 있는 것이 아니라 내가 스스로 버리노라"
(요 10:17-18).

단지 우리가 해야 할 일

예수님은 자신을 구원할 수 있었으나 그렇게 하지 않고 우리를 구원하는 길을 택하셨다.

그렇다면 우리가 감당해야 할 일은 남아 있는 것일까? 만일 예수 그리스도께서 죄 해결을 위한 고난을 완료하셨다면, 우리는 더 이상 보탤 것이 없다. 또한 예수께서 모든 죗값을 지불하셨다면, 우리는 더 이상 지불할 것이 없다. 우리는 예수님이 끝낸 일을 자꾸 끝내려 할 필요가 없다.

월급처럼 더해지면 좋아지는 것들이 있다. 하지만 어떤 것들은 보태면 오히려 망가지기도 한다. 사람의 얼굴을 생각해 보자. 이마 중간에 코를 하나 더 붙이거나 뺨에다 귀를 하나 더 붙이면 얼굴이 나아지기는커녕 엉망이 된다. 사람의 얼굴은 있는 그대로가 최상이다. 거기다 무엇을 덧붙이면 오히려 망가진다.

혹은 필라델피아 시청 서편에 있는 로버트 인디애나의 조각

물, "필라델피아 러브"(Philadelphia LOVE)를 생각해 보라. 이것은 필라델피아가 형제애의 도시임을 나타내기 위해 L-O-V-E라는 철자들로 구성한 철제 조각물이다. 여기에 다른 철자를 덧붙인다고 해서 이 작품이 더 아름다워지거나 더 뜻깊은 메시지를 전해 주는 것은 아니다. 만약 여기에 G자를 덧붙이면 GLOVE가 되고 만다. "필라델피아 러브"는 그 자체의 모습이 가장 완벽하다.

또는 아장아장 걷는 귀여운 아이를 위해 블록으로 탑을 만든다고 생각해 보라. 당신이 멋지게 만들어 둔 탑에 그 아이가 블록 하나를 올리면, 탑 전체가 무너지고 만다. 하나를 보태려다가 오히려 망치는 것이다.

예수 그리스도의 완료된 사역이 바로 그러하다. 여기에 무엇을 더 보태는 건 그것을 망치는 행위다. 예수님이 십자가에서 지불하신 죗값에 우리가 무엇을 보탤 수는 없다. 죄의 청산을 위해 감내해야 할 징벌이나 참회, 선행 그리고 순례 여정과 같은 것은 남아 있지 않다. "다 이루었다"는 말씀은 바로 그런 뜻이다. 이 말은 그분께서 당신에게 속한 자들을 죄의 속박에서 해방시키기 위한 대가를 완벽하게 지불하셨음을 뜻한다. 따라서 자신의 죗값을 지불하려 드는 것은 예수께서 완료하신 사역을 부인하는 것이며, 자신의 구원을 이루기 위해 무엇인가를 시도하는 것은 예수 그리스도를 거짓말쟁이로 만드는 행위다.

만일 우리가 예수 그리스도의 고난과 죽음의 은혜에 의지하지 않는다면, 우리에게는 아직 완료되지 않은 일이 남아 있게 된다. 또한 우리가 자신의 죗값을 지불하려 한다면, 그 죗값은 결코 온전히 청산될 수 없을 것이다. 그러나 우리가 십자가로 나아가 예수님을 만나면, 하나님께 진 빚을 단번에 청산할 수 있다.

우리에게 요구되는 유일한 일은 하나님께 회개하는 일과 예수님이 십자가에서 죽으심으로 우리의 죄가 온전히 사해졌음을 믿는 것이다. 그렇게 하면 우리를 위한 예수님의 사명이 성취될 것이며, "다 이루었다"는 말씀이 바로 우리 죗값을 위한 것으로 적용될 것이다.

"아버지 내 영혼을 아버지 손에 부탁하나이다"(눅 23:46).

07

귀향

●

Homeward Bound
제임스 몽고메리 보이스

    설교자들은 예수님의 마지막 말씀이 그가 삶의 모든 순간에서 그러했듯 마지막에도 자신의 상황을 온전히 제어하고 계셨음을 보여 준다는 점에 주목해 왔다. 예수께서 마지막에 하신 말씀들은 단지 탈수나 혈액 손실, 쇼크, 극단적인 피로 또는 탈진 상태에서 하신 것이 아니기 때문이다. 그분은 자신의 영혼을 의도적으로 아버지께 맡기셨다.

    누가는 예수님이 마지막 숨을 몰아쉰 것이 아니라 "큰 소리로"(눅 23:46) 이 말씀을 하셨다고 기록함으로써 이 점을 분명히 밝혔다. 요한은 예수께서 "머리를 숙이니 영혼이 떠나가시니라"

(요 19:30)고 기록했다. 이것 역시 자발적인 죽음을 묘사한 것이다. 마태는 이들 두 장면을 합쳐서 "예수께서 다시 크게 소리 지르시고 영혼이 떠나시니라"(마 27:50)고 전했다.

예수님은 평생 상황을 제어하셨다

물론 예수님은 일생 동안 상황을 제어하셨다. 그가 나사렛 회당에서 유대인들만이 아니라 이방인들도 구원하시는 은혜로운 하나님에 관해 첫 설교를 하셨을 때, 사람들은 기분이 상하여 마을 어귀의 큰 낭떠러지에 그를 밀쳐 죽이려 했다. 그러나 예수님은 그들 가운데로 유유히 지나가셨다(눅 4:16-30).

또한 갈릴리를 건너는 배가 거친 폭풍에 휩쓸려 전복될 위기에 처했을 때, 제자들이 예수님께 도움을 요청하자 예수님은 바람을 꾸짖으신 후 폭풍을 잠잠하게 하셨다. 이처럼 폭풍까지 제어하시는 그분의 권능을 보고 군중들은 물론이고 제자들도 "그가 누구이기에 바람과 바다도 순종하는가"라며 감탄했다(막 4:41).

가장 인상적인 광경은 겟세마네 동산에서 제사장들에 의해 파송된 군병들이 예수님을 체포하러 왔을 때였다. 그는 그들에게 "누구를 찾느냐?"하고 물으셨다. 그들이 "나사렛 예수라"고 하자, 예수님은 "내가 그니라(I'm he)"고 대답하셨다. 그 대답은 단순히 자신의 신분을 밝히신 것 그 이상이었다. "내가~이다(I'm)"
는 하나님의 칭호인 '여호와'라는 뜻이기도 하다. 이 표현은 불
붙은 떨기나무 앞에서 모세가 "이스라엘의 해방자로서 애굽으로
보낸 이가 누구냐?"고 물을 때 어떻게 대답해야 하는지를 여쭤자
하나님이 친히 알려 주셨던 이름이다. 하나님은 "나는 스스로 있
는 자이니라(I'm who I'm)……이스라엘 자손에게 이같이 이르기
를 스스로 있는 자(I AM)가 나를 너희에게 보내셨다 하라"(출 3:14)
고 대답하셨다. 예수님도 그렇게 말씀하신 것이며 이 대답을 듣
고는 그를 잡으러 온 자들이 물러가서 땅에 엎드러졌다(요 18:6). 그
들은 예수께 다가갈 힘이 없었다. 예수께서 "누구를 찾느냐"며
다시 물으시기 전까지 그들은 아무런 행동도 취할 수 없었다.

마지막에도 그러했다. 예수님은 마지막 순간에 자신의 영혼을
아버지의 손에 맡기셨다.

"아버지 내 영혼을 아버지 손에 부탁하나이다"(눅 23:46).

우리 중 누구도 이런 식으로 죽지 못한다. 우리는 외부적인 수
단을 사용해 자살할 수는 있을지언정 예수님처럼 자신의 영혼을
떠나게 하지는 못한다.

하나님 안에는 결코 상충됨이 없다

예수님이 십자가에서 마지막으로 하신 말씀으로부터 우리가 배울 수 있는 또 한 가지는, 그의 죽으심에 성부, 성자, 성령 간의 갈등이 있는 것이 아니라는 점이다. "나의 하나님, 나의 하나님, 어찌하여 나를 버리셨나이까?"라는 외침은 마치 성부와 성자 간에 갈등이 있는 것처럼 보일 수 있다. 그러나 어떤 경우에도 하나님 안에는 상충됨이 없다. 사역 기간 내내 그러했듯이, 이 외침 속에도 하나님 아버지와의 친밀감이 들어 있다.

이러한 갈등을 가정하는 그릇된 대속 개념이 있는데 그 개념은 다음과 같이 생각한다. 성부는 공의의 하나님으로서 죄악 된 인생들에게 격렬한 진노를 발하시므로 그들에게 영원한 지옥 형벌을 가하려 하신다. 하지만 예수께서 개입하여 하나님께 간청한다. "그렇게 하지 마세요. 그들을 구원해 주세요. 내가 가서 그들을 대신하여 죽겠습니다." 성령이 예수님 편을 들며 "나는 예수님이 옳다고 생각합니다. 그게 최선책입니다"라고 말하자 하나님은 이에 동의한다.

하지만 이것은 결코 진리가 아니다. 구원 계획은 세상 기초 이전부터 하나님의 마음속에 확립되어 있었고, 삼위 하나님의 완벽한 협력을 통해 시간 속에서 실행되었다. 그 과정은 다음과 같다.

첫째, 성부 하나님이 성자 하나님을 구주로 보내기로 결심하셨다. 둘째, 예수님이 성육신에 의해 그리고 우리 죄를 대신하여 죽으심으로써 구주가 되셨다. 셋째, 성령이 사람들 속에 새 생명을 지으시고 구주를 믿도록 인도함으로써 예수님의 죽으심의 공효를 각 사람에게 적용하신다.

"나의 하나님, 나의 하나님, 어찌하여 나를 버리셨나이까"(마 27:46)라는 외침을 우리가 어떻게 이해하든, 어떤 일이 일어났든, 하나님이 예수님의 아버지가 아니셨던 때는 결코 없었다. 하나님이 아들을 세상에 보내어 죽게 하신 것도 예수님의 아버지로서 하신 일이며, 마지막에 그를 하늘로 영접하신 것도 예수님의 아버지로서 하신 일이다.

무덤 너머의 삶

십자가에서 하신 예수님의 마지막 말씀으로부터 배울 수 있는 세 번째 사실은 무덤 너머에 삶이 있다는 것이다. 예수님이 자신의 영혼에 대해 하신 말씀을 보면 알 수 있다. "영혼"에 해당하는 헬라어 *pneuma*가 "호흡"(breath)을 뜻하긴 하나, 이 말씀이 숨을 내쉰 후에 죽으심을 뜻하지 않는다. 짐승들은 마지막 호흡을 끝으로 생을 마감하지만 하나님의 형상으로서 영생하도록 지음 받은 인간은 그렇지 않다. 예수님은 무(無)로 사라지는 것 같은 영혼의 죽음 또는 멸절을 암시하신 것이 아니다.

예수님은 자신의 영혼을 하나님 아버지의 손에 넘기셨는데 이는 영혼이 죽음 이후에도 사라지지 않음을 보여 준다. 다가올 다음 생이 어떠한지를 아는 것은 매우 중요하다.

당신은 다음의 생을 대비하는가? 예수님은 하늘에서 내려오셨기 때문에 하늘에 대해 잘 알고 계셨다. 그는 자신의 영혼이 돌아갈 하늘이 있다는 것과 성도가 기거할 하늘이 있다고 가르치셨다. 또한 그는 하나님의 법을 어기며 죄악 된 삶을 고집하는 자들을 위해 마련된 곳인 지옥에 대해서도 가르치셨다. 그는 자신의 생명을 속죄 제물로 바치기 위해 오셨다. 죄에서 돌이켜 자신을 유일한 구주로 믿을 것을 우리에게 촉구하신다.

그리고 "사람이 만일 온 천하를 얻고도 제 목숨을 잃으면 무엇이 유익하리요"(마 16:26)라는 예리한 질문을 던지셨다.

영혼을 주께 맡기며

예수님의 마지막 말씀의 네 번째 교훈은 그가 죽으면서 자신의 영혼을 하나님께 맡기셨듯이 우리도 그 같은 믿음으로 죽을 수 있다는 것이다. 우리를 대신하신 예수님의 죽음을 의지하면서 그분의 말씀을 똑같이 되풀이하며 이생을 떠날 때, 우리는 하늘에서 우리를 기다리시는 아버지의 손에 자신의 영혼을 맡길 수 있다.

모든 시대의 모든 성도들이 이런 식으로 죽었고, 예수님의 말씀을 똑같이 되뇌었던 이들도 많다. 최초의 순교자인 스데반(행 7:59), AD 156년에 86세의 나이로 순교했던 스미르나(현재 지명은 이즈미르-편집자 주)의 주교 폴리캅(Polycarp), 위대한 프로테스탄트 종교개혁자 마르틴 루터(Martin Luther), 루터의 일관된 동역자이자 친구인 필립 멜란히톤(Philipp Melanchthon), 프라하의 제롬(Jerome), 종교개혁 한 세기 전에 자신의 믿음을 지키려다가 화형 당했던 존 후스(John Hus) 등 수많은 이들이 이 말을 하며 죽었다.

1415년, 후스가 콘스탄츠 공의회에 의해 정죄당할 때, 화형 집행자였던 주교는 "이제 우리가 네 영혼을 마귀에게 맡긴다"라는 끔찍한 말을 했다.

그러자 후스는 조용히 대답했다.

"주 예수 그리스도여, 내 영혼을 주께 맡깁니다. 내 영혼을 구속하신 주께 내 영혼을 맡깁니다."

잘 죽는 법

이 본문에서 언급하고 싶은 것이 하나 더 있는데 그리스도인이 죽음의 두려움 앞에서도 잘 죽을 수 있는 방법에 관한 것이다.

예수님이 말씀하신 "아버지 내 영혼을 아버지 손에 부탁하나이다"라는 말씀은 구약성경의 시편 31편에서 따온 것이다.

> "내가 나의 영을 주의 손에 부탁하나이다 진리의 하나님 여호와여 나를 속량하셨나이다"(시 31:5).

이는 예수님이 십자가에서, 특히 그 마지막 순간에 무엇을 하셨는지를 보여 준다. 그분은 성경을 생각하고 계셨다. 예수님이 생각하신 성경 말씀은 시편 31편만이 아니었다. 그분이 하셨던 "나의 하나님, 나의 하나님, 어찌하여 나를 버리셨나이까"라는 말씀은 시편 22편 1절에서 따온 것이며, "다 이루었다"는 말씀은 "주께서 이를 행하셨다"는 시편 22편 31절의 말씀을 따온 것이다. 그뿐만 아니라 그분이 하신 "내가 목마르다"라는 말씀은 시편 69편 21절의 "그들이 쓸개를 나의 음식물로 주며 목마를 때에는 초를 마시게 하였사오니"의 말씀을 성취시키신 것이다.

예수님이 십자가에서 하신 일곱 말씀 중 네 말씀이 구약성경에서 따온 것이다. 그러나 나머지 세 말씀들 즉, 군병들을 위해 하나님께 드린 말씀과 죽어가는 강도에게 그리고 자신의 모친과 요한에게 직접 하신 말씀들은 구약성경에서 따온 것이 아니다. 예수님은 입술을 꾹 다물고 참거나 상황이 나아지기를 기다리지 않으셨다. 대신 하나님의 말씀과 예언에 의도적으로 착념함으로써 자신의 심령을 강하게 하셨다. 예수님이 그러셨다면 우리도 그렇게 해야 하지 않을까? 이런 자세는 죽을 때에만 적용되는 게 아닐 것이다.

우리는 우리의 머리를 말씀으로 채우며 자신의 삶을 약속이라는 관점에서 생각해야 한다. 지금 그렇게 하지 않는데 어떻게 죽음의 순간에만 그렇게 할 수 있겠는가? 마지막 순간에 자신의 영혼을 하나님의 자애로우신 손에 맡기려면, 우리는 날마다 말씀으로 살아가며 자신의 영혼을 하나님의 손에 맡겨야 한다.

찰스 스펄전은 베갯머리에 시 한 편을 남기고 죽은 어느 늙은 여인을 소개했다. 그녀는 마지막으로 잠자리를 펴고 베개에 머리를 두기 직전에 그 시를 썼던 것으로 보인다.

예수기 나의 주시므로, 나는 육신의 옷 벗는 것 두렵지 않겠네.
이 진흙 의복을 즐거이 벗으리.

주 안에서 죽는 것은 언약의 축복이라,

예수께서 죽음을 지나 영광에 이르도록 길을 인도하시리니.[10]

이것이 그리스도인의 소망이다. 또한 이것은 위대한 소망이다. 하지만 이 소망이 우리 것이 된 이유는, 오직 예수님이 모든 것을 감당하고 우리를 대신하여 죽으셨기 때문이다.

THE
LAST WORDS

●

예수님이 남기신 14가지 말씀

THE REAL LAST WORDS OF CHRIST

A Word for the Seeker
A Word for the Fearful
A Word for the Restless
A Word for the Troubled
A Word for the Skeptical
A Word for the Fallen
A Word for Everyone

2
부활 후 하신 7가지 말씀

찾는 자를 위한 말씀
두려워하는 자를 위한 말씀
불안한 자를 위한 말씀
근심에 쌓인 자를 위한 말씀
의심하는 자를 위한 말씀
넘어진 자를 위한 말씀
모든 사람을 위한 말씀

"어찌하여 울며 누구를 찾느냐"(요 20:15).

08
찾는 자를 위한 말씀

●

A Word for the Seeker
필 라이큰

성금요일은 나사렛 예수께서 예루살렘 밖에서 로마 군병에 의해 십자가에 달리신 것을 기념하는 날이다. 흔히 목회자들은 십자가에서 예수님이 마지막으로 하신 일곱 말씀에 관해 설교한다. 그러나 이 가상칠언은 예수님의 마지막 말씀이 아니다. 예수님은 죽은 자 가운데서 부활하신 후 제자들에게 더 많은 말씀을 전하셨다. 우리는 앞으로 그리스도의 진짜 마지막 말씀들을 살펴볼 것이다.

막달라 마리아는 누구인가?

막달라 마리아는 예수님이 다시 살아나신 후 처음으로 대화를 나누었던 사람이다. 종종 마리아는 부정한 여인으로 간주되었다. 이 생각은 바벨론 탈무드에 처음 나오는데 여기서는 막달라 마리아를 동정녀 마리아와 혼동하며 그녀를 창녀로 묘사한다. 중세 시대에는 막달라 마리아 숭배가 널리 퍼졌는데 이는 야코부스 데 보라지네(Jacobus de Voragine)의 『성자들의 삶에 관한 황금전설』(*The Golden Legend of the Lives of the Saints*)과 같은 저서들의 영향이 컸다.

> 귀족 가문에서 태어난 마리아가 막달라 마리아로 불린 것은 자신의 성이 막달로(Magdalo)에 위치했기 때문이다. 그녀의 형제인 기사 나사로는 예루살렘을 그리고 그녀의 자매 마르다는 베다니 성읍을 각각 소유했다. 그녀는 한때 방탕한 생활에 빠졌다가 회심한 후 그리스도의 부활을 전하는 일에 헌신하다가 제자들과 함께 핍박을 받았다. 그리스도가 수난당하신 지 14년 후에, 그녀는 마르다, 나사로, 성 맥시민(St. Maximin) 함께 키 없는 배에 실려 표류했으나 하나님이 그들을 안전하게 마르세유(Marseilles)로 인도하셨다. 거기서 마리아는 아름다운 외모와 우아한 설교로 사람들을 놀라게 했고, 또한 죽은 여왕을 되살리기

도 했다. 후에 그는 30년 간 광야로 물러나서 고행의 길을 걸으며 천사들의 노래만을 먹고 살았다.[11]

분명, 보라지네의 설명은 막달라 마리아의 삶보다는 중세 유럽인의 삶을 더 많이 묘사한다. 심지어 '막달라 마리아'라는 중세 연극도 있는데, 이 연극에서 마리아는 천사에 의해 회심하기 전에 선술집에서 자신의 연인들에게 노래한다.

이런 공상적인 이야기들은 오늘날까지 영향을 미치고 있다. 니코스 카잔차키스(Nikos Kazantzakis)의 소설 『그리스도의 마지막 시험』과 이 소설을 바탕으로 만든 마틴 스코세스(Martin Scorsese)의 악명 높은 영화에서, 막달라는 예수님을 성적으로 유혹한다.

이 모든 이야기들은 사실을 바탕으로 하고 있지 않다는 점에서 문제가 있다. 성경은 막달라 마리아를 행실이 나쁜 여자로 언급하지 않는다. 그녀의 회심에 관한 이야기에서 그녀는 단지 "일곱 귀신이 나간 자"라고만 소개되었다(눅 8:2). 막달라 마리아에 관한 진짜 이야기는 그 어떤 설화에서보다 더 간단하고 아름답고 소중하다.

그녀의 비통한 마음

막달라 마리아에 관한 거짓된 이야기에는 그녀가 예수님과 사랑에 빠졌다는 이야기가 거의 공통으로 등장한다. 그래서 그녀가 예수님의 무덤을 제일 먼저 찾았다는 것이다.

"안식 후 첫날 일찍이 아직 어두울 때에 막달라 마리아가 무덤에 와서"(요 20:1).

마리아가 처음 마주친 것은 무덤 입구를 막은 큰 바위가 옮겨진 광경이었다. 놀란 마리아는 예수님의 몇몇 제자들에게로 곧장 달려가서 그 사실을 알려 주었고, 제자들은 가서 빈 무덤을 확인했다(요 20:2-8). 마리아는 무덤 입구에 혼자 남아 울고 있었다.

"두 제자가 자기들의 집으로 돌아가니라 마리아는 무덤 밖에 서서 울고 있더니"(요 20:10-11).

그녀는 울면서 무덤 속을 들여다보던 중 예수님의 시신이 놓였던 곳에 앉아 있는 두 천사를 보았다. 그들은 그녀에게 "여자여 어찌하여 우느냐"(요 20:13) 하고 물었다. 마리아는 상심된 마음으로 울고 있었다. 그녀는 예수께서 잔인하게 처형되어 급히 무덤으로 옮겨지는 것을 보았다. 자신의 생애에서 가장 소중한 벗을 잃은 셈이었다.

예수님의 죽음으로 인해 이미 슬픔에 잠긴 터였는데 시신마저 없어져서 슬픔은 더 커졌다. 마리아는 천사들에게 비통하게 말했다.

"사람들이 내 주님을 옮겨다가 어디 두었는지 내가 알지 못함이니이다"(요 20:13).

죽음마저도 예수님을 향한 마리아의 사랑을 중단시키지 못했다. 다른 모든 것은 사라졌으나, 그 사랑은 없어지지 않았다. 다시 사신 예수님을 만났을 때, 그녀는 그분이 동산지기인 줄로 알고서 이렇게 이야기했다.

"주여 당신이 옮겼거든 어디 두었는지 내게 이르소서 그리하면 내가 가져가리이다"(요 20:15).

마리아는 예수님의 이름을 언급조차 하지 않았다. 단지 '그분' 또는 '주'라는 호칭으로 언급할 뿐이었다. 영국 시인 리처드 크래쇼(Richard Crashaw, 1642-1649)는 자신의 시에서 예수님을 향한 마리아의 마음을 이렇게 표현했다.

그분을, 그분을 내게 보여 주세요.
그분을 향해 내 가련한 눈물을 흘릴 수 있게 해주세요.

마리아는 예수님의 장례를 제대로 치러 드리고 싶었다. 요한복음이 아닌 다른 복음서를 보면 그녀가 시신에 뿌릴 향유를 가지고 무덤에 갔음을 알 수 있다(눅 24:1). 마리아는 예수님이 살아 계실 때와 마찬가지로 죽으신 후에도 그분께 헌신적이었다. 그를 향한 그녀의 사랑은 감상적인 사랑이나 로맨틱한 사랑, 질투 섞인 사랑 또는 에로틱한 사랑이 아니었다. 그녀는 주님을 순전한 영적 열정으로 사랑했다. 하지만 이제 예수님은 죽으셨고, 그래서 마리아는 울었다.

"누구를 찾느냐?"
예수님은 고통 중에 있는 막달라 마리아를 만나셨다. 마리아는 깜짝 놀랐다. 천사들과 대화하는 중 그녀는 어떤 음성을 들었거나 천사들이 예수님을 향해 눈길을 옮기는 것을 보았을 것이다. 그러나 그녀는 "뒤로 돌이켜 예수께서 서 계신 것을 보았으나 예수이신 줄은 알지"(요 20:14) 못했다. 그녀가 예수님을 알아보지 못했던 이유를 성경은 밝히고 있지 않다. 아마 그녀는 슬픔에 겨워 몸을 잔뜩 숙이고 있었으므로 그의 얼굴을 올려다보지 않았을 것이다. 눈물 때문에 시야가 흐려졌을 수도 있다. 예수님의 외모가 부활에 의해 변했기 때문에 알아보기 힘들었을지도 모른다(눅 24:16 참조).

마리아는 예수님을 알아보진 못했으나 그가 묻는 말을 들을 수는 있었다. 처음에 그분은 천사들의 물음을 반복했고, 이어서 자신의 질문을 덧붙이셨다.

"여자여 어찌하여 울며 누구를 찾느냐"(요 20:15).

이는 의미심장한 물음이었다. 마리아는 누구를 찾고 있었는가? 당연히 예수님을 찾고 있었다. 그녀는 예수님의 시신을 찾아 장례를 준비하길 원했다. 하지만 시신은 없었고 그녀는 시신이 어디로 옮겨졌는지 알고 싶었다.

예수님의 물음에 대한 보다 깊이 있는 대답은, 마리아가 죽은 자를 찾고 있었다는 것이다. 그녀는 산 자 가운데서 예수님을 찾은 것이 아니라 죽은 자 가운데서 찾고 있었다(눅 24:5). 그녀는 살아 계신 주님을 찾지 않고 시신을 찾고 있었다. 그녀에게 말하는 사람이 예수님이실 수가 없었다. 예수님은 죽으셨다. 당연히 그녀는 자신에게 말하는 사람이 동산직이인 줄로 알았다.

그러나 마리아는 예수님을 찾기 원했다.

"주여 당신이 옮겼거든 어디 두었는지 내게 이르소서 그리하면 내가 가져가리이다"(요 20:15).

도널드 그레이 반하우스(Donald Grey Barnhouse)는 이렇게 설명한다.

막달라 마리아는……여전히 시신에 대해 생각하고 있었다. 사흘 밤낮을 운 그녀의 마음은 텅 빈 상태였다……이루 말할 수 없는 고뇌를 겪었으며 불면의 시간을 보내고 있었다. 그녀는 무덤에 세 번 방문했고, 마을로 돌아갔다. 이제 그녀는 예수님의 시신과 약 45kg의 몰약과 향품을 옮기겠다고 말했다……그것은 건장한 남자의 힘으로도 옮길 수 없는 무게였다……여기에 사랑이 있다. 사랑이 언제나 그렇듯이, 그녀는 불가능해 보이는 일을 떠맡고 나선 것이다.[12]

다시 사신 예수님이 마리아를 만나셨으나, 마리아는 여전히 그의 시신에 대해 생각하고 있었다. 예수님은 마리아의 가장 어두운 두려움과 가장 깊은 소망을 드러내기 위해 이렇게 질문하셨다. 20세기가 지난 오늘날에도, 그 물음은 여전히 들려온다. "누구를 찾느냐?" 당신은 누구를 찾고 있는가? 구주를? 아니면 연인이나 친구를? 죽은 자 가운데서는 결코 그분을 찾지 못할 것이다.

마리아가 마주친 예수님에 관한 이 이야기는 그리스도가 부활했다는 가장 강력한 증거가 될 수 있다. 성경은 예수님이 죽었다가 다시 살아나셨다고 말한다. 이것은 철저한 거짓 아니면 복음 진리다.

우리는 막달라 마리아의 이야기가 조작된 것이 아님을 확신한다. 당신이 누군가가 죽었다 살아났다는 것을 사람들로 하여금 믿게 해야 하는 1세기의 한 유대인이라고 가정해보자. 이 경우에 당신은 그 이야기의 증거로 한 여자의 증언을 내세우지는 않을 것이다. 유대교 율법에서는 여자를 법정 증인으로 인정조차

하지 않았기 때문이다.[13]

그렇다면 요한은 왜 예수 그리스도의 부활에 대한 증인으로 막달라 마리아를 언급했을까(더욱이 당시 그녀는 슬픔에 사로잡혀 있는 상태였다)? 그 이유는 그 이야기가 사실이기 때문이다. 처음에는 마리아 자신도 믿을 수 없었으나 나중에 확신을 갖게 되었던 것이다.

구하라 그러면 찾을 것이요

놀라운 사실은 마리아의 불확실한 상태가 오래가지 않았다는 것이다. 그녀는 돌아보자마자 예수님을 찾아냈다. 사실 그녀는 그를 찾을 필요조차 없었다. 예수께서 그녀를 찾으셨다.

한 어머니가 놀이공원에서 어린 아들을 잃어버린 경우를 떠올려 보자. 둘은 범퍼카를 함께 타다가 솜사탕을 사러 갔는데, 엄마가 솜사탕 값을 치르는 동안 아이가 사라져 버렸다. 엄마는 이리저리 아이를 찾아보았지만 어디에도 아들은 보이지 않았다. 아이가 군중 속으로 사라진 것이다. 엄마는 미친 듯이 날뛰었다. 눈에 눈물이 가득한 채 아이 이름을 목청껏 외치며 공원을 뛰어다녔다. 손에는 여전히 솜사탕이 쥐여 있었다. 20분 후에 마침내 아이를 찾았는데 아이는 어느 자상한 할아버지와 함께 공원 벤치에 앉아 팝콘을 맛있게 먹고 있었다. 그리고 엄마에게 말했다.

"엄마, 엄마를 잃어버렸어!"

누구를 잃었다는 것인가? 그리고 누구를 찾았다는 것인가?

막달라 마리아는 예수님을 찾고 있었다. 하지만 잃어버려진 사람은 바로 그녀였다. 그녀는 예수님 없는 세상에 상심한 채 홀로 있었다. 슬픔과 죄악 가운데 잃어버려진 상태였다. 찾고 있는 이는 예수님이셨다. 그가 와서 마리아의 이름을 부르셨다. 예수께서 처음에 "여자여"라고 부르셨을 때 그녀는 그가 누구인지 알아채지 못했지만 "마리아야"라고 부르시자 그의 음성을 알아차렸다.

"마리아가 돌이켜 히브리 말로 랍오니 하니(이는 선생님이라는 말이라)"(요 20:16).

한때 예수님은 자신을 선한 목자에, 자신을 따르는 이들을 양떼에 비유하셨다.

"그가 자기 양의 이름을 각각 불러 인도하여 내느니라……양들이 그의 음성을 아는 고로 따라오되"(요 10:3-4).

막달라 마리아는 예수님의 양들 중 하나였음이 분명하다. 그가 그녀의 이름을 불렀을 때 그녀가 그 음성을 알았기 때문이다.

당신은 예수님을 아는가? 그의 음성을 분별할 수 있는가? 그분을 사랑하는 삶을 사는가? 예수님은 우리에게 당신을 따라오라며 부르고 계신다. 그의 영이 우리 이름을 부르신다. 만일 우리가 그의 음성을 들으면, 우리는 막달라 마리아처럼 그를 사랑하게 될 것이다. 그가 돌아가신 상태였을 때에도 마리아는 그를 매우 사랑했다. 살아 계신 주님을 향한 그녀의 사랑은 아마 훨씬 더 컸을 것이다.

THE
LAST WORDS

●

예수님이 남기신 14가지 말씀

"무서워하지 말라"(마 28:10).

09
두려워하는 자를 위한 말씀

●

A Word for the Fearful
필 라이큰

천사들은 유행의 첨단을 걷는다. 그들 자신의 책, 달력, 노트패드, 홈페이지 등을 갖고 있다. 뿐만 아니라 〈천사의 손길〉(Touched by an Angel)이라는 그들 자신의 TV 프로그램과 '애너하임 엔젤스'라는 그들 자신의 야구팀도 있다. 그리고 어떤 천사들은 무대나 영화에서 스타가 되었다.

1996년 두 편의 천사 영화가 박스 오피스에서 히트했다. 하나는 존 트라볼타를 스타로 만든 〈마이클〉(Michael)이고, 다른 하나는 천사 역을 맡았던 휘트니 휴스턴과 덴젤 워싱턴을 스타덤에

올려놓은 〈설교자의 아내〉(The Preacher's Wife)다. 이들 영화에 나오는 천사들은 결코 천사의 모습을 하고 있지 않은데 존 트라볼타의 경우에는 더욱 그렇다. 그들은 사람과 흡사하다. 불경스럽고, 정장을 입고, 최신 유행의 헤어스타일을 갖추었다. 그들은 의심과 문젯거리들을 지니고 있었으며 심지어는 성적 충동도 느끼는 것 같았다. 이 천사들과 함께 즐거이 춤을 출 순 있겠으나 그들에게 경배하고 싶은 마음을 느끼게 하진 않는다.

천사의 첫마디 말

하지만 진짜 천사들은 다르다. 그들은 경배하고 싶은 마음이 들게 하는 존재다. 나는 천사를 본 적이 없지만, 성경은 그들을 현란한 빛의 존재로 묘사한다. 그들을 본 사람들은 경이로움이나 미소를 짓지 않았다. 대신 소름끼치는 공포를 느꼈다.

안식일 첫날이 되려는 미명에 몇몇 여자들이 예수님의 무덤을 보러 갔을 때, 나사렛 예수님의 시신을 지키던 로마 군병들의 반응이 그러했다.

> "큰 지진이 나며 주의 천사가 하늘로부터 내려와 돌을 굴려 내고 그 위에 앉았는데 그 형상이 번개 같고 그 옷은 눈 같이

희거늘 지키던 자들이 그를 무서워하여 떨며 죽은 사람과 같이 되었더라"(마 28:2-4).

천사가 나오는 영화에서 이런 장면은 없을 것이다. 하지만 이것이 천사들의 실제 모습이다. 강력하고, 천둥이 치듯 하고, 현기증을 일으키며, 광채가 찬란하다. 천사 한 명이 억센 군병들의 무리를 벌벌 떨게 할 수 있다.

천사들은 자신의 모습이 사람들에게 큰 공포를 느끼게 한다는 것을 알고 있는 것 같다. 천사들을 본 사람들은 눈의 흰자위가 커지거나 턱이 쩍 벌어지거나 무릎이 덜덜 떨렸을 것이다. 이에 천사들은 하나님의 사람들을 서둘러 안심시킨다.

매들라인 렝글(Madelein L'Engle)은 다음과 같이 말했다.

성경에서 천사가 어떤 사람에게 나타날 때 하는 첫마디는 대개 "무서워 말라!"다. 이는 천사들의 모습이 어떠한지를 짐작케 한다.[14]

첫 성탄절에 천사들이 목자들에게 했던 말도 "무서워 말라!"였다. 그들이 밤중에 양떼를 돌보고 있을 때, 주의 사자가 곁에 서고 주의 영광이 저희를 두루 비췄다. 저희가 크게 무서워하자 천사가 말했다.

"무서워하지 말라 보라 내가 온 백성에게 미칠 큰 기쁨의 좋은 소식을 너희에게 전하노라"(눅 2:10).

그리고 천사는 빈 무덤에서도 같은 말을 했다.

"무서워하지 말라"(마 28:5).

좋은 소식을 전할 때에도, 그들의 첫마디는 "무서워 말라!"였다.

인간의 두려움

첫 번째 부활절 아침에 무덤으로 간 여자들이 두려워했던 것은 당연하다. 그들은 예수 그리스도에 대한 불법 재판과 비참한 십자가 처형을 목격했다(마 27:56). 예수께서 거짓 고소를 당하고, 부당하게 매질을 당하며, 잔인하게 처형되는 것을 보았으며, 그의 시신이 십자가에서 내려져 무덤으로 옮겨지는 것도 지켜보았다(마 27:57-60). 그리고 무거운 바위가 그의 무덤을 막는 것도 보았다(마 27:60-61). 그들의 불안이나 두려움이 상상이 되는가?

사흘째 되는 날, 무덤을 찾아갔을 때에는 두려움이 더욱 심했을 것이다. 여명의 어둠 속에서 무덤 입구가 시커멓게 열려 있고 바위가 굴려져 있는 것을 보고 얼마나 깜짝 놀랐겠는가. 게다가 천둥 같은 목소리로 말하며 번개처럼 보이는 천사를 대면했다. 그들은 너무나 무서웠을 것이다.

영국 철학자 버트란트 러셀(Bertrand Russell, 1872-1970)은 지그문트 프로이트와 마찬가지로, 종교란 공포증의 산물이라고 믿었다.

> 내 생각에 종교는 주로 두려움에 기초한다. 종교심은 부분적으로는 미지의 대상에 대한 공포이며 부분적으로는 온갖 곤경과 다툼이 생길 때 곁에 형이 있어주기를 바라는 것 같은 마음이다. 신비한 것에 대한 두려움, 패배에 대한 두려움, 죽음에 대한 두려움 등과 같은 두려움이 그 모든 것의 기초다.[15]

러셀의 말이 옳은가? 참된 종교란 두려움의 산물일 뿐인가?

버트란트 러셀은 최소한 두 가지 면에서는 옳았다. 첫째, 인간이란 두려워하는 존재다. 천사들을 두려워하지 않더라도, 두려워할 만한 것들이 우리 주변엔 많다. 실패에 대한 두려움, 어둠에 대한 두려움, 높은 곳에 대한 두려움, 비행에 대한 두려움, 뱀에 대한 두려움, 질병에 대한 두려움, 친밀함에 대한 두려움, 성장에 대한 두려움, 장래에 대한 두려움, 미지의 사실에 대한 두려움, 그리고 모든 두려움의 총합인 죽음에 대한 두려움 등이 있다.

당신이 두려워하는 것은 무엇인가? 아마 두려워하는 것들은 대부분 비슷할 것이다. 실직, 시련, 가족에게 일어날 일, 또는 혼자서 죽음을 맞이하는 것 등을 두려워할 수 있다. 혹은 "두려움 자체 외에는 아무것도 두렵지 않다"고 말할 수도 있다. 문제는 두려움 그 자체다.

두려워하지 않아도 되는 이유

버트란트 러셀의 말 중 두 번째로 옳은 것은 기독교가 두려움에 대한 처방을 제시한다는 사실이다. 러셀 자신은 그 처방을 비웃었다. 그는 그 처방과 아무 관련이 없기를 원했다. 심지어 『나는 왜 그리스도인이 아닌가』(*Why I am Not a Christian*)라는 책을 쓰기까지 했다. 그러나 그리스도인들이 섬기는 하나님은 두려워하는 자를 위한 말씀을 주신다. "무서워하지 말라"는 말씀이 마태복음 본문에서 두 차례나 나온다. 한 번은 천사가, 또 한 번은 예수께서 직접 말씀하셨다.

두려워할 때 두려워 말라는 말을 해주는 사람이 곁에 있으면 조금이나마 안도감을 느끼게 된다. 신뢰할 수 있는 사람이 말해 주면 더더욱 그렇다. 그러나 두려워할 이유가 아예 없다면 정말 큰 위안이 될 것이다. 달빛도 없는 밤에 어둡고 위험한 숲을 지나간다고 상상해보라. 무서워 말라는 누군가의 말이 어느 정도 위안은 될 수 있겠지만, 칠흑 같은 어둠 속에서 무언가가 얼굴로 날아든다면 그 말은 별로 도움이 되지 않을 것이다. 차라리 "여기 손전등을 사용해"라고 말해 주는 편이 더 나을 것이다.

빈 무덤에서 천사가 여자들에게 위안이 되었던 이유는 그가 두려워하지 않을 이유를 그들에게 이야기해 주었기 때문이다.

> "너희는 무서워하지 말라 십자가에 못 박히신 예수를 너희가 찾는 줄을 내가 아노라 그가 여기 계시지 않고 그가 말씀 하시던 대로 살아나셨느니라 와서 그가 누우셨던 곳을 보라"(마 28:5-6).

천사는 먼저 여자들을 진정시켰다. 그는 그들이 왜 무서워하는지 알고 있었다. 그들이 예수님 없이 잃어버린바 되었다고 느꼈음, 또한 그들이 예수님을 찾고 있으며 그의 죽음을 여전히 슬퍼하고 있음을 그는 알고 있었다. 하지만 천사는 또 한 가지를

09. 두려워하는 자를 위한 말씀 • 123

알고 있었으니 그것은 그들이 무서워할 이유가 없다는 사실이었다. 예수님이 무덤에 계시지 않은 이유는 죽음에서 살아나셨기 때문이었다. 그들이 핵심을 놓치지 않도록 천사는 그 메시지를 반복했다.

"그가 여기 계시지 않고 그가 말씀 하시던 대로 살아나셨느니라"(마 28:6a).

"그가 죽은 자 가운데서 살아나셨고"(마 28:7).

또한 천사는 부활에 대한 확실한 증거를 제시했다. 그는 여자들을 불러 말했다.

"와서 그가 누우셨던 곳을 보라"(마 28:6b).

무장한 경비병과 무거운 바위에도 불구하고, 무덤은 비어 있었다. 예수님은 죽은 자 가운데서 살아나셨다. 만일 예수님이 죽은 자 가운데서 살아나셨다면, 여자들은 무서워할 필요가 없었다. 외로움을 두려워할 필요가 없었다. 그들의 벗이 돌아오셨기 때문이다. 잃어버림 당함을 두려워할 필요가 없었다. 그들이 잃어버린 것을 되찾았기 때문이다. 슬픔을 두려워할 필요도 없었다. 천사가 큰 기쁨의 좋은 소식을 전해주었기 때문이다.

예수 그리스도의 부활은 그들의 모든 두려움을 잠잠하게 했다. 성경은 "그 여자들이 무서움과 큰 기쁨으로 빨리 무덤을"(마 28:8) 떠났다고 전한다. 기쁨에도 불구하고 그들에게는 여전히 두려움이 남아 있었다. 그 이유가 무엇인지 우리는 알 수 없다. 천사의 말이 너무 놀라운 내용이어서 사실로 받아들여지지 않았을지도 모른다. 예수께서 죽은 자 가운데서 살아나셨다는 개념 자체가 놀랍게 들렸을 수도 있다. 어쨌든 그들은 두려웠다.

제자들에게 이 사실을 알리기 위해 달려가는 여자들에게 예수님이 갑자기 나타나셨다(마 28:9). 예수님은 두려움 가운데 있는 그들을 만나셔서 건네신 첫마디는 "평안하냐"(마 28:9)였다. 문자적으로 이 말은 "기뻐하라"는 뜻인데, 여자들은 이미 기뻐하고 있었다. 하지만 그들에게 여전히 두려움이 남아 있는 것을 아시고는 예수님은 천사의 메시지를 반복하셨다.

"무서워하지 말라"(마 28:10).

천사와 달리 예수님은 두려워 말아야 할 이유를 나열하지 않으신다. 죽은 자 가운데서 살아나신 예수 그리스도는 그들의 모든 두려움에 대한 해결책으로 그들 앞에 서 계신다. 예수님이 살아 계시므로 그들은 두려워할 필요가 없다. 그는 유령이 아니라 실제 몸으로 살아나셨다. 그것은 이적적인 부활체였으나 실제 몸이었다. 예수님이 살아 계시므로 여자들은 장래를 두려워할 필요가 없었다. 사흘 동안 그들은 예수님 없이 두려운 삶을 지탱해 왔다. 그들은 무엇을 하며 어디로 가야 할지를 몰랐다. 하지만 이제는 앞으로 어떤 일을 만나더라도 그들은 예수님의 도우심과 임재로써 그것을 직면할 것이다.

무엇보다 예수께서 살아 계시므로 그들은 죽음을 두려워할 필요가 없었다. 하나님이 예수님을 죽은 자 가운데서 살리신 이유는 그가 단번에 죽음을 정복하셨음을 보여 주기 위함이었다. 예수께서 그를 따르는 자들의 죄를 대신하여 죽으시는 것만으로는 충분하지 않았다. 만일 그가 십자가에 못 박혀 죽으시고 무덤에 묻히신 것이 끝이라면, 죽음이 최종 결론이었을 것이다. 우리가 죄 사함을 얻을 수는 있으나, 영생의 소망을 갖진 못할 것이다. 예수님은 사망을 정복하기 위해 죽은 자 가운데서 살아나셔야 했다. 그의 부활은 그를 믿는 모든 이들 또한 죽은 자 가운데서 살아날 것을 나타내는 증거다. 예수님의 친구들은 아무것도, 심지어 죽음마저도, 두려워할 필요가 없다. "무서워하지 말라"는 예수님의 말씀은 바로 그런 뜻이다.

버트란트 러셀은 그리스도인들이 곤경에 처한 자신을 도와줄 형 같은 존재를 찾고 있다고 믿었다. 그 말 자체는 옳다. 삶은 두려운 경험일 수 있다. 우리는 자신을 구원해줄 든든한 맏형을 필요로 한다. 그분이 바로 예수 그리스도시다(히 2:11-12). 만일 예수님이 우리의 가장 큰 두려움들(소외, 죽음, 장래)에 대한 해결책이시라면, 그는 또한 사소한 두려움들에 대한 해결책이시기도 하다. 어떠한 두려움이라도 예수께 가지고 나아가면 그는 "무서워하지 말라"고 말씀하신다.

"너희에게 평강이 있을지어다"(요 20:19, 21).

10
불안한 자를
위한 말씀

•

A Word for the Restless
필 라이큰

우리 모두에게는 평안이 필요하다.

"캐럴!" 주변이 아수라장이 되자 나는 소리쳤다. "아기를 데리고 창문에서 멀리 떨어진 곳으로 가 있어요!"……나는 갑자기 무장한 자들 사이로 이리저리 달려 집 쪽으로 뛰어갔다……무장한 자들은 상대 침입자들을 향해 이미 화살을 날리고 있던 터라 내 머리 위로도 세 개의 화살들이 아치형으로 날아갔다. 마치 내게 떨어질 것만 같아 나는 집 뒤편의 지붕 아래로 급히 피했다……뒤쪽 계단을 기어올라 서둘러 집

안으로 들어가 보니 캐럴은 나의 외침을 듣고 낮잠을 자던 스티븐과 함께 창고로 피한 상태였다. 창고의 내벽은 마구잡이로 날아드는 화살로부터 그들을 보호해 주었다……캐럴이 스티븐 곁에 있는 동안, 나는 현관으로 가서 밖의 상황을 지켜보았다.[16]

긴박한 이 상황은 이리안자야의 사위(Sawi) 부족들과 함께 했던 선교사 돈 리처드슨(Don Richardson)의 경험으로, 이는 적대적인 부족들 간의 전투 현장이었다. 그는 평화를 전하기 위해 그곳에 갔으나 전쟁의 한 가운데서 생명의 위협을 느꼈다.

평안은 어디에 있는가?

예수님이 돌아가시자 제자들은 리처드슨과 비슷한 감정을 느꼈다. 그들의 마음은 전혀 평안하지 않았다. 안식일 후 첫날 저녁에 서로 만났을 때, 그들은 유대교 지도자들이 두려워 문을 잠그고 있었다(요 20:19). 그들이 두려워하는 것은 당연하다. 예수께 일어난 일을 본 그들 아닌가. 그가 한밤중에 배신당하여 재판정으로 끌려가고, 군병들에 의해 매질을 당한 후 처형장으로 끌려가는 광경을 그들은 다 지켜보았다. 그 다음은 누구 차례가 될지 몰랐기 때문에 그들은 문을 단단히 걸어 잠그고 발자국 소리나

목소리에 촉각을 곤두세우고 있었다.

이들만큼은 아니겠지만 우리 역시 불안감을 안고 살아간다. 이 점으로 인간에 관한 두 가지 사실을 생각해 볼 수 있다. 첫째, 인간은 평안을 깊이 갈망한다. 둘째, 우리는 늘 만인 대 만인의 투쟁 가운데 있다.

세상에는 평안이 없다. 모두들 평화의 열차에서 뛰어내렸다. 아무도 평화를 추구하지 않는다. 도처에 전쟁과 전쟁의 소문이 있고, 지구촌 곳곳에서 무력 충돌이 일어난다. 남아프리카에 평화가 있으면 북아일랜드에 문제가 생기고, 중미가 잠잠하면 발칸 지역이 혼란스러워진다. 다른 모든 곳이 평화롭더라도, 중동에는 언제나 문제가 있다. 부족과 부족, 군대와 군대, 나라와 나라가 대립한다. 세상에는 평안이 없다.

나라 안 또한 마찬가지다. 정치 지도자들은 중대 이슈들을 놓고 분열되어 있으며 미국 사회의 이면에는 인종적 긴장감이 늘 도사리고 있다.

도시의 거리들에도 평안이 없다. 도시에 사는 사람들은 폭력의 위협을 느끼곤 한다. 이곳 필라델피아는 형제애의 도시로 알려져 있으나, 형제 밀치기의 도시에 더 가깝다. 깨진 가족이 난무하는 이 시대에는 가정에도 평안이 없다. 부모와 자녀가 대립하며, 형제들이나 친인척들이 서로 대립한다.

우리가 자신의 영혼에만 집중하며 편히 쉴 수만 있어도 좋을 것이다. 그러면 세상과 가족을 뒤로하고 평안을 얻을 수 있을 테니 말이다. 하지만 문제는 우리 자신의 마음도 평안하지 않다는 것이다. 세상과 가족의 문제가 곧 우리 자신의 문제로 자리 잡고 있으며 마음의 양심으로 괴로울 때도 허다하다.

하나님은 우리를 지으실 때 자신 안에서 안식을 찾도록 하셨기 때문에 우리는 늘 평안을 갈망한다. 하지만 우리가 그 평안을 유지하지 못하는 것은 그분과 화평하지 못하기 때문이다. 즉, 하나님과의 관계에 문제가 있는 것이다.

중재자 예수 그리스도

예수 그리스도는 중재자시다. 그는 하나님과 인간을 화목케 하려고 이 땅에 오셨다. 선지자들은 그를 "평강의 왕"(사 9:6)이라 불렀다. 천사들은 그의 탄생을 선언하면서 이렇게 말했다.

"땅에서는 하나님이 기뻐하신 사람들 중에 평화로다"(눅 2:14).

또한 예수님은 이 땅에 계실 때 이렇게 말씀하셨다.

"평안을 너희에게 끼치노니 곧 나의 평안을 너희에게 주노라……너희는 마음에 근심하지도 말고"(요 14:27).

그의 제자들이 방문을 걸어 잠그고 숨어 있을 때 부활하신 예수님은 그들 가운데 나타나셔서 이렇게 이야기해 주셨다.

"너희에게 평강이 있을지어다"(요 20:19).

예수님은 제자들에게 거듭 평강을 말씀하셨다. 처음에는 그들이 두려워서 함께 모여 문을 잠그고 있을 때였고, 다음에는 그들이 그의 부활을 기뻐할 때였다.

"제자들이 주를 보고 기뻐하더라 예수께서 또 이르시되 너희에게 평강이 있을지어다"(요 20:20-21).

예수님은 두려운 자에게도, 기뻐하는 자에게도 "평강"을 말씀하셨다. "평강"은 불안한 모든 이들을 위한 말씀이다. 또한 예수님은 제자들에게 "평강이 있을지어다"라고 말하는 데 그치지 않으셨다. 성경은 이렇게 전한다.

> "이 말씀을 하시고 손과 옆구리를 보이시니"(요 20:20).

그는 자신의 흉터를 보여 주셨다. 대못이 자신의 손을 관통했던 부위를 보여 주셨다. 로마 군병이 그의 죽음을 확인하기 위해 창으로 옆구리를 찔렀을 때(요 19:34) 생긴 상처도 보여 주셨다. 예수님은 그 상처들을 지니고 무덤으로 옮겨졌으나, 다시 사셨을 때에는 그 모든 상처가 치유되었다.

예수님의 몸에 남은 상처는 하나님과의 평강을 나타내는 증거다. 하나님을 향한 인간의 반역은 너무나 심각하므로, 하나님의 공의의 진노를 돌이키기 위해서는 무엇인가가 필요했다. 죗값이 지불되어야 했다. 하나님과의 화평은 **완전한 피 제사**를 통해서만 가능했는데 예수님의 상처는 그가 바로 그 희생 제사를 드렸음을 나타내는 증거다.

그리스도가 오시기 약 700년 전의 선지자였던 이사야는 하나님과의 화평을 위해 무엇이 필요한지를 알고 있었다. 그는 예수님에 관해 이렇게 썼다.

> "그가 찔림은 우리의 허물 때문이요 그가 상함은 우리의 죄악 때문이라 그가 징계를 받으므로 우리는 평화를 누리고 그가

채찍에 맞으므로 우리는 나음을 받았도다"(사 53:5).

예수 그리스도는 우리의 중재자시다. 그가 십자가에서 입은 상처는 하나님과 우리의 화평을 위해 지불하신 대가였다. 십자가에서 대속의 죽음을 당하신 예수 그리스도를 믿는 자는 누구든지 하나님과의 화평을 누린다.

"우리 주 예수 그리스도로 말미암아 하나님과 화평을 누리자"(롬 5:1).

"그의 십자가의 피로 화평을 이루사 만물……하늘에 있는 것들이 그로 말미암아 자기와 화목하게 되기를 기뻐하심이라"(골 1:20).

화해의 아이

마침내 이리안자야 사위 부족의 전사들이 하나님과 화평 관계를 맺게 되었는데 그렇게 되기까지 다음과 같은 과정이 있었다.

돈 리처드슨은 예수님이 그들의 죄 때문에 죽으셨다는 것을 이해시키려고 오랫동안 노력했지만, 그들은 절대 이해하지 못했었다. 그들이 이 사실을 제대로 이해할 수 없었던 이유 중 하나는 그들이 변절을 미덕으로 여겼기 때문이다.

한번은 어떤 사람이 두 부족을 화해시키기 위해 선물을 가지고 두 마을 사이를 오갔다. 두 부족 간의 신뢰가 싹트기 시작할 무렵, 그 사람은 축제에 초청되었다. 하지만 그는 자신이 그 축제의 메인 코스가 되리라고는 전혀 생각지도 못했다. 그가 자리에 앉자 새 "친구들은" 그를 에워싼 후 사로잡아 요리한 다음에 먹어 치웠다. 이 관행은 사위식으로 표현하면, "살륙을 위해 우정으로 살찌우는" 것이었다. 리처드슨이 예수님 이야기를 들려주었을 때, 그들이 가룟 유다를 영웅으로 여겼던 것도 바로 그런 관행 때문이었다.

전쟁 막바지에 이르러 사위 부족들이 화해하기 전까지 리처드슨은 예수 그리스도에 관한 좋은 소식을 그들에게 설명할 방법을 찾지 못했다. 그들은 평화 의식에 '화해의 아이'를 교환했다. 상대편 부족의 남자 아이를 하나씩 데려다 키우기로 한 것이다. 모든 부족 구성원들이 모여서 화해의 아이에 손을 얹고서 적대감을 끝내기로 약속했다. 화해의 아이가 살아 있는 한, 두 부족들 간에 평화를 유지하기로 하고 만약 화해의 아이를 죽인다면 이는 영웅적인 배신행위가 아니라 가장 비열한 죄악이므로 그때는 다시 평화가 없게 될 것을 선포했다.

예수 그리스도가 곧 '화해의 아이'시다. 우리가 반역을 도모하는 중일 때, 하나님은 당신의 독생자를 넘겨주셨다. 우리는 그를 죽음으로 내몰아 하나님의 영원한 대적이 되었지만 하나님은 우리와의 화해를 결심하고서 그 '화해의 아이'를 죽은 자 가운데서 살리셨다.

"너희에게 평강이 있을지어다"라고 말씀하신 분은 바로 다시 사신 그리스도시다. 사위 부족의 문제는 그 아이가 죽으면 적대감도 다시 살아날 수 있다는 데 있다. 그러나 하나님의 '화해의 아이'는 결코 죽지 않으신다. 예수 그리스도를 영접하는 자는 누구나 하나님과 더불어 영원히 화평을 누릴 것이다.

성령이 주시는 평안

예수님을 알면 내적인 평안과 외적인 평안을 얻는데 이는 모두 성령으로 비롯된다. 그리스도인들은 하나님이 삼위(성부와 성자와 성령)로 존재하심을 고백하지만 때로는 성령이 삼위일체의 한 분이시라는 사실을 잊곤 한다. 성령을 이해하기 힘든 이유는 그가 보이지 않기 때문이다. 성령은 그리스도인의 심령 속에 거하신다. 예수님은 당신을 믿는 모든 이들의 심령에 성령을 보내어

거하게 하신다.

> "이 말씀을 하시고 그들을 향하사 숨을 내쉬며 이르시되 성령을 받으라"(요 20:22).

예수님은 제자들에게 성령을 주셨는데 이는 십자가에 달리기 전에 이미 약속하셨던 바다. 그때 예수님은 성령을 내적인 평안을 가져다줄 보혜사로 설명하셨다.

> "보혜사 곧 아버지께서 내 이름으로 보내실 성령 그가 너희에게 모든 것을 가르치고 내가 너희에게 말한 모든 것을 생각나게 하리라 평안을 너희에게 끼치노니 곧 나의 평안을 너희에게 주노라"(요 14:26-27).

예수님이 성령을 보내신 것은 평안을 주시기 위함이었다. 따라서 성령이 거하시는 곳마다 평안이 있다.

> "성령의 열매는……화평과"(갈 5:22).

성령은 우리가 예수 그리스도를 통해 하나님과 더불어 영원히 화평케 되었음을 상기시킴으로써 내적인 평안을 준다. 우리가 염려할 때, 그는 하나님의 보살핌을 상기시킨다. 우리가 두려워할 때, 그는 하나님의 사랑을 확신시키신다. 우리가 의심할 때, 그는 우리 믿음을 강하게 하신다. 우리가 외로울 때, 그는 우리의 친밀한 벗이 되신다. 우리가 불안할 때, 그는 우리로 하나님 안에서 안식하게 하신다. 그리스도를 통해 하나님의 벗이 됨으로써 누리는 놀라운 내적 평안을 성령이 가져다주신다.

또한 성령은 외적인 평안도 주신다. 이는 사람들 간의 화평함이다. 참된 기독교는 언제나 평화를 사랑한다.

> "화평하게 하는 자는 복이 있나니 그들이 하나님의 아들이라 일컬음을 받을 것임이요"(마 5:9).

하나님의 사람들은 가정에서, 지역에서, 그리고 세상에서 화평을 추구해야 한다. 그리스도인은 심지어 원수마저 사랑해야 한다. 사람들 간에 지속적인 평화를 가져다줄 수 있는 이는 성령뿐이시다. 우리의 자연적인 성향은 서로 간의 경쟁이며, 심지어 서로 간의 미움이다. 만일 내적, 외적 평안을 원한다면, 예수님을 우리의 구주로 영접해야 한다. 그러면 그가 성령을 주실 것이다.

그리스도인들끼리 만나면 "주의 평안이 함께 하기를" 하고 평안을 구하는 인사말을 주고받곤 한다. 이렇게 인사할 수 있는 것은 하나님이 자신의 평안을 우리에게 주셨기 때문이다. 그 평안을 처음 건네신 분이 바로 다시 사신 그리스도시다. 그는 제자들을 만났을 때, "너희에게 평강이 있을지어다"라고 인사하셨다.

THE
LAST WORDS

●

예수님이 남기신 14가지 말씀

"이에 모세와 모든 선지자의 글로 시작하여 모든 성경에 쓴 바
자기에 관한 것을 자세히 설명하시니라"(눅 24:27).

11

근심에 쌓인 자를
위한 말씀

●

A Word for the Troubled
제임스 몽고메리 보이스

　예수님의 십자가 처형 직후의 일요일 아침, 예루살렘으로부터 엠마오로 돌아가던 두 사람의 내면은 근심에 쌓인 것 그 이상이었다. 그들은 망연자실했다. 그들은 여러 해 동안 예수님을 따랐었다. 예수님이 로마 군대를 몰아내고 자기 백성을 로마의 속박으로부터 해방시켜 몰락한 다윗가의 영광을 회복시킬 하나님의 메시아라고 생각했었다. 그러나 그분은 갑자기 붙들려 죽임을 당하셨고, 동시에 그들의 위대한 꿈은 무너졌다. 그 꿈이 있었을 때는 신났지만 예수님의 죽음과 더불어 그들의 소망도 사라졌다. 그래서 그들은 집으로 돌아가고 있었다.

그들이 달리 할 수 있는 일이 무엇이었겠는가? 예수님이 살아 계시다면, 무슨 일이든 했을 것이다. 하지만 이제 그들의 믿음은 흩어졌고, 집으로 돌아가서 각자의 생활을 추스르는 일 외에는 아무것도 할 게 없었다.

엠마오의 제자들

그렇다면 이 제자들은 누구인가? 이 물음에 대한 답은 많은 이들이 생각하는 것처럼 불명확하지 않다. 먼저, 누가복음 본문 자체가 그들 중 한 명의 이름이 글로바라고 밝힌다(눅 24:18). 누가복음에만 이 이름이 나오는 것은 아니다.

> "예수의 십자가 곁에는 그 어머니와 이모와 글로바의 아내 마리아와 막달라 마리아가 섰는지라"(요 19:25).

요한은 그의 이름의 철자를 약간 다르게 표기했는데 영어식 발음기호 [e]음이 나는 모음을 생략한 것이다. 고대에는 이름의 철자를 약간 바꿔서 기록하는 경우가 종종 있었음을 감안한다면 이는 동일 인물을 가리키는 것이 분명하다.

요컨대 예수님이 십자가에 달리실 때 예루살렘에서 글로바와 함께 있었으며, 부활절 아침에 글로바와 함께 엠마오로 돌아가던 사람은 글로바의 아내였던 것으로 짐작된다. 그의 이름은 마리아로, 작은 야고보와 요세의 어머니였고 다른 여자들과 함께 예수님과 제자들을 도왔던 것으로 나와 있다(막 15:40-41; 16:1; 눅 24:10 참조).

전혀 믿지 않음

예수님이 막달라 마리아와 도마에게 나타나신 사실을 기록한 유사한 기사들과 마찬가지로, 이 이야기의 초점은 글로바와 마리아가 예수님의 부활을 기대하지도 믿지도 않았다는 것에 있다. 심지어 예수님의 부활 소식을 들은 후에도 그랬다.

마리아는 십자가 처형을 보았다. 예수님의 손과 발에 박힌 못을 보았고, 미리 파둔 구멍에 그 십자가가 쿵하고 세워지는 둔탁한 소리도 들었다. 그녀는 예수님의 몸에서 흐르는 피를 보았다. 캄캄한 어둠을 목격했다. "나의 하나님, 나의 하나님, 어찌하여 나를 버리셨나이까"라는 예수님의 외침도 들었다. 그리고 예수님의 옆구리를 찌른 창도 보았다. 그녀는 예수님이 돌아가셨다는 사실을 전혀 의심하지 않았다. 글로바도 마찬가지였다. 그 역시 그 주간에 예루살렘에 있었고, 위의 광경 중 일부를 보았을 것이다.

정말 안타깝고 비통한 광경이었으나, 그들로서는 할 수 있는 일이 전혀 없었다. 단지 안식일이 끝나서 예루살렘을 떠나 고향인 엠마오로 돌아가기만을 기다릴 뿐이었다.

그런데 그날 아침에 어떤 일이 일어났다. 마리아는 다른 여자들과 함께 무덤으로 갔다. 예수께 마지막 경의를 표하고 그 시신에 기름을 바르기 위해서였다. 글로바는 뒤에 남아 예루살렘을 떠날 준비를 했을 것이다. 무덤에서 마리아는 다른 여자들과 마찬가지로 천사들을 보았고, 예수님이 죽은 자 가운데서 살아나셨다고 하는 천사들의 말을 들었다. 그녀는 돌아가서 글로바에게 그 이야기를 전해주었을 것이다. 그러나 마리아는 천사의 말을 직접 듣고서도 글로바와 함께 고향으로 향했다. 그녀는 어떤 형태든 부활을 기대하지도 믿지도 않았던 것이 분명하다.

그뿐만이 아니다. 글로바와 마리아가 길을 떠날 준비를 하는 동안, 다른 여자들은 자신들이 보고 들은 일을 베드로와 요한에게 알려 주었고, 이들 두 사람은 무덤으로 곧장 달려가 헝클어진 수의를 보고서 돌아왔다. 그들 역시 무덤에서 본 것을 글로바와 마리아에게 말했을 것이다. 그러나 놀랍게도, 글로바와 마리아는 계속 짐을 꾸렸고, 준비가 되자마자 엠마오로 떠났다. 부활을 거의 기대하지 않은 것이다.

성경의 설명

내가 이야기를 지어내고 있는 것이 아니다. 예수님을 알아보기 전 그들이 그분께 직접 했던 말이다. 그토록 슬픈 기색을 하고 있는 이유를 묻는 예수님의 질문에, 그들은 이렇게 반문했다.

"당신이 예루살렘에 체류하면서도 요즘 거기서 된 일을 혼자만 알지 못하느냐"(눅 24:18).

이에 예수님이 "무슨 일이냐"(눅 24:19) 하고 물으셨다.

그러자 그들은 예수님의 십자가 처형에 관해 이야기하고 있었다고 말했다.

"그는 하나님과 모든 백성 앞에서 말과 일에 능하신 선지자이거늘 우리 대제사장들과 관리들이 사형 판결에 넘겨 주어 십자가에 못 박았느니라 우리는 이 사람이 이스라엘을 속량할 자라고 바랐노라"(눅 24:19-21).

예수님은 분명 자신의 죽음으로 이스라엘을 구속하셨다. 하지만 그들이 바랐던 것은 정치적인 구속으로부터의 자유였다. 예수께서 로마를 몰아내 주실 것을 기대했던 것이다. 글로바는 계속 말을 이었다.

> "이뿐 아니라 이 일이 일어난 지가 사흘째요 또한 우리 중에 어떤 여자들이 우리로 놀라게 하였으니 이는 그들이 새벽에 무덤에 갔다가 그의 시체는 보지 못하고 와서 그가 살아나셨다 하는 천사들의 나타남을 보았다 함이라 또 우리와 함께 한 자 중에 두어 사람이 무덤에 가 과연 여자들이 말한 바와 같음을 보았으나 예수는 보지 못하였느니라"(눅 24:21-24).

그들은 천사들과 믿을 만한 증인들로부터 예수님의 부활 소식을 들은 상태였다. 모두들 텅 빈 무덤에 대해 증언했고, 천사들은 예수님의 부활을 선언했다. 글로바와 그의 아내도 그 점을 분명하게 인식하고서 예수께 정확히 알려드렸다. 하지만 그들의 실제 행동은 딴판이었다.

무엇이 그들을 변화시켰는가?

그렇다면 그들은 어떻게 해서 확신하게 되었나? 우리는 이렇게 말할 수도 있겠다. "예수님이 직접 나타나셨지 않은가? 그들은 그들 앞에 나타나신 예수님을 당연히 믿을 수 있었다." 하지만 성경을 보면 이것은 틀린 대답임을 알 수 있다. 예수께서 그들에게 나타나신 것은 사실이다. 하지만 그들이 일어난 일들에 대해 예수께 말하는 동안 그들은 그를 알아보지 못했다. 그들이 확신을 갖게 된 것은, 예수님이 그들에게 성경을 풀어주셨을 때였다(눅 24:32).

예수님이 "모세와 모든 선지자의 글로 시작하여 모든 성경에 쓴 바 자기에게 관한 것"을 자세히 설명하셨다는 것은, 구약성경 전반을 말씀하셨음을 뜻한다. 유대인들이 구약성경을 일컫는 말은 '타나크'(tanakh)였는데 이것은 히브리어의 세 자음들 '타우'(t), '눈'(n), '카프'(k)로 구성된 말로서, 구약성경의 세 부분들을 가리킨다. '타우'는 구약성경의 처음 다섯 권인 '토라'(Torah)를, '눈'은 선지서들인 '네비임'(neviim)을, 그리고 '카프'는 성문서인 '케투빔'(ketuvim)을 각각 지칭한다. '성문서'와 '성경'은 동의어로 사용된다. 따라서 누가복음 24장 27절은 예수께서 자신의 고난과 다시 사심에 대해 설명할 때 구약성경 전체를 사용하셨음을 뜻한다.

예수님이 말씀을 전해 주시자 그들의 마음속이 뜨거워졌다 (눅 24:32). 즉, 예수님이 성경을 가르치실 때 그들은 감동과 확신과 깨달음을 얻었다. 물론, 그런 일은 오늘날에도 일어난다. 가르침과 위안을 얻기 위해서는, 이적과 기사를 찾거나 어떤 종교적 경험으로 감정을 고무하려 할 것이 아니라 성경으로 돌아가야 한다.

오늘날을 위한 누가의 기록

확신하건대 누가가 이 이야기를 그의 복음서의 마지막에 기록한 것은 그 내용이 오늘날에도 그대로 적용되어야 함을 나타내기 위함일 것이다. 오늘날 사람들은 이적을 보길 원한다. 예수님 당시의 불신자들처럼, 사람들은 병든 자가 치유되고 떡과 물고기가 기적적으로 많아지며 죽은 자가 살아나는 것을 보길 원한다. 하지만 그 이적 자체가 더 많은 사람들을 믿음으로 이끌었던 건 아니다. 이적이 누군가를 확신시키는 것은 아니기 때문이다. 이적은 불신자들로 하여금 더 많은 이적을 원하게 할 뿐이다.

이 때문에 예수님은 이적을 행하시기보다는 가르치는 일에 더 열중하셨다. 가버나움으로 돌아가서 더 많은 치유 이적을 행하실 것을 요청하는 자들에게, 예수님은 이렇게 대답하셨다.

"우리가 다른 가까운 마을들로 가자 거기서도 전도하리니 내가 이를 위하여 왔노라"(막 1:38).

사도들이 이적을 행할 수 있었음에도 성경을 가르치는 일에 주력했던 것도 바로 이러한 이유 때문이다. 예루살렘 교회의 과부들을 위한 양식 배분 문제로 다툼이 일어나려 했을 때, 그들은 그 일을 담당할 집사들을 선출할 것을 제안하며 이렇게 말했다.

"우리가 하나님의 말씀을 제쳐 놓고 접대를 일삼는 것이 마땅하지 아니하니……우리는 오로지 기도하는 일과 말씀 사역에 힘쓰리라 하니"(행 6:2-4).

바울도 사역 과정에서 이 패턴을 따랐다.

"자기의 관례대로 그들에게로 들어가서 세 안식일에 성경을 가지고 강론하며 뜻을 풀어 그리스도가 해를 받고 죽은 자 가운데서 다시 살아나야 할 것을 증언하고 이르되 내가 너희에게 전하는 이 예수가 곧 그리스도라 하니"(행 17:2-3).

다시 말해, 바울은 예수께서 글로바와 마리아에게 성경을 설명하셨던 것처럼 했다.

"이르시되 미련하고 선지자들이 말한 모든 것을 마음에 더디 믿는 자들이여 그리스도가 이런 고난을 받고 자기의 영광에 들어가야 할 것이 아니냐 하시고 이에 모세와 모든 선지자의 글로 시작하여 모든 성경에 쓴 바 자기에 관한 것을 자세히 설명하시니라"(눅 24:25-27).

여기서 성경이 주는 실제적인 조언을 찾을 수 있다. 만일 영적인 일에 대해 염려하고 있다면, 특히 예수 그리스도가 하나님의 아들과 구주이시며 그분께 자신을 맡겨야 하는 것에 대해 확신하지 못한다면, 성경 공부 시간에 주의를 집중하는 것이 좋다. 그러면 글로바 부부와 같은 경험을 하게 될 것이다. 마음이 감동되고, 눈이 열리며, 마음이 믿음으로 뜨거워질 것이다. 그래서 그리스도인이 되고 영적으로 성장해 갈 것이다.

THE
LAST WORDS

●

예수님이 남기신 14가지 말씀

"나를 만져 보라 영은 살과 뼈가 없으되
너희 보는 바와 같이 나는 있느니라"(눅 24:39).

12
의심하는 자를 위한 말씀

●

A Word for the Skeptical
필 라이큰

성경은 나사렛 예수께서 죽고 다시 사셨음을 가르치며, 그가 예루살렘 성문 밖에서 십자가에 달리신 후에 동산 무덤에 묻히셨다고 전한다. 또한 성경은 예수께서 죽은 지 사흘 만에 죽은 자 가운데서 살아나셨음을 가르친다. 그래서 우리 그리스도인들은 부활절에 그의 부활을 기념한다.

더욱이 성경은 예수 그리스도의 죽으심과 부활이 인류 역사상 가장 의미심장한 사건이라고 가르친다. 예수님이 죽은 자 가운데서 살아나신 이유는 단번에 죄와 죽음을 정복하기 위함이었다. 그의 부활을 믿는 모든 이들은 영적으로 결코 죽지 않고 영생을 얻을 것이다. 예수 그리스도의 십자가 처형과 부활은 단지 예수님 자신만을 위한 것이 아니라 지구상의 모든 인류를 위한 삶과 죽음의 문제다. 예수님을 믿는 것은 사는 길이며, 그를 부인하는 것은 죽음을 의미한다.

이는 매우 중요한 정보로 모두가 알아야 할 결정적인 사실이다. 만일 성경 내용이 사실이라면, 예수 그리스도를 믿는 것은 천국 문을 여는 열쇠다. 그렇다면 예수님에 관한 성경 말씀은 진짜일까? 나사렛 예수는 실제로 다시 살아났는가?

증언의 중요성

어떤 일의 사실 여부를 알아보기 위한 방법 중 하나는 증거를 조사하는 것이다. 예수 그리스도의 죽으심과 부활에 대한 경우, 증거 대부분은 그의 제자들의 증언이다.

어떤 사실을 증언에 근거하여 믿는 것은 특이한 경우가 아니다. 우리가 알고 있는 것들의 대부분은 다른 사람들의 말에 근거하고 있지 않은가. 아브라함 링컨이 암살당했다는 것을 믿는가? 그렇다면 그 사건이 일어났던 날 밤에 포드 극장에 있었던 자들의 증언에 근거해 그 사실을 믿고 있는 셈이다. 인간 역사에 관해 우리가 알고 있는 모든 것은 대부분 말이나 역사적 기록에 근거한다. 역사는 과거에 그 사건을 목격한 자의 소식이다.

과학적인 지식도 마찬가지다. 달에 어두운 면이 있다는 것을 믿는가? 우리는 그것을 눈으로 직접 본 적이 없으므로, 과학자들의 이야기에 근거하여 그 사실을 믿어야 한다. 대부분의 과학적 지식 또한 대부분의 역사적 지식과 마찬가지로 다른 사람의 말에 의존하여 존재한다.

그렇다면 예수 그리스도의 제자들에 대해선 어떠한가? 그들을 믿을 수 있는가? 제자들은 예수님이 부활한 몸으로 그들에게 나타나셨다고 주장한다. 그들이 거짓말쟁이나 바보가 아니었다면 그들은 복음의 진실을 말했을 것이다.

제자들이 거짓말쟁이가 아닌 이유

우리는 제자들이 거짓말쟁이가 아님을 확신할 수 있다. 성경은 다시 사신 그리스도에 관한 여러 증인들의 증언을 기록했다. 법정에서와 마찬가지로 증인이 많을수록 증언은 더 강력해진다.

더욱이 각 복음서는 그리스도의 부활 이야기를 약간씩 다르게 전한다. 복잡한 교차로에서 생긴 가벼운 교통사고를 예로 들어 보자. 증인마다 그 사고를 다른 각도에서 보았을 테니 사건을 설명할 때도 표현이 조금씩 다를 것이다. 오히려 만일 모두의 증언이 완전히 똑같다면 의심의 여지가 생길 것이다. 마찬가지로 복음서들은 같은 이야기를 다른 각도에서 언급한다. 이들은 서로 상충되는 것이 아니라 다를 뿐이다. 한 복음서가 다른 복음서에서 생략된 부분을 말하며, 어느 제자는 어떤 부분을 언급했지만 그 부분을 언급하지 않은 제자도 있다. 만일 제자들이 거짓말쟁이라면 그들은 이야기를 똑같이 일치시키기 위해 애썼을 것이다.

제자들이 거짓말쟁이가 아니라는 또 다른 증거는 그들이 믿음을 위해 고난과 죽음을 감수했다는 것이다. 대부분의 제자들이 예수님처럼 고통 가운데 죽음을 맞았다. 대개 사람들은 고통스러운 죽음의 위협을 당하면 증언을 철회한다. 특히 거짓말쟁이들은 자기 목숨을 구하기 위해서라면 무슨 말이든 할 것이다.

사바타이 세비(Sabbatai Sevi, 1626-1676)를 통해 죽음이 거짓말쟁이의 말을 바꾸게 한다는 사실을 엿볼 수 있다. 그는 17세기 종교계 슈퍼스타 중 하나였는데 유대교 교사로서 자신이 메시아임을 주장했다. 수십만 명의 유대인들이 그를 믿었다. 유대교 역사상 두 번째로 인기 있는 메시아적 인물인 그를, 유럽과 중동 전역의 종교 공동체들은 메시아로 숭배했다.

1666년, 세비가 이슬람교도들에게 붙들려 이슬람교로 개종하자 종교 공동체들은 몹시 실망했다. 죽음의 위협 앞에서 그와 그의 핵심 제자들은 이스라엘의 하나님을 포기하고 무슬림이 된 것이다.[17]

그들은 줄곧 거짓말을 했으나, 죽음의 위협이 그들로 하여금 진실을 실토하게 만들었다.

예수님과 그의 제자들은 자신이 주장하는 내용의 진실성을 자신의 생명으로써 확증했다. 세비처럼, 예수님도 자신이 메시아라는 주장을 철회했다면 목숨을 구할 수 있었을 것이다. 그의 제자들도 마찬가지였다. 만일 그들이 거짓말쟁이였다면 기독교를 부인했을 것이다. 하지만 제자들은 예수 그리스도의 부활이라고 하는 진실을 강력히 확신했기 때문에 자신의 믿음을 무덤까지 가지고 갔다. 핍박과 심지어 죽음에 직면해서도, 그들은 예수께서 그들의 죄로 인해 죽었다가 다시 살아나셨음을 계속 증언했다. 그들은 다시 사신 그리스도를 만났었기 때문에 그가 하나님의 아들이심을 부인할 수 없었다. 그들은 거짓말을 하고 있지 않았다.

의심하는 제자들

'잘못 본 것은 아닐까?', '유령 아니었을까?', '예수님을 닮은 사람이 아닐까?', '예수님으로 위장한 사기꾼인가?'

부활하신 예수님을 보고는 그들 뇌리에 이런 생각들이 스쳤다. 그들은 잘 속는 자가 아니라 의심 많은 자들로, 성경은 처음에 그들이 놀라고 무서워하며 두려워하고 의심했다고 전한다(눅 24:37-38). 그들은 불신에 싸여 깜짝 놀랐다(눅 24:41). 따라서 예수 그리스도의 부활에 대한 그들의 증언은 회의론자들의 강력한 증언인 셈이다. 그래서 우리는 의심 많은 그들의 증언을 신뢰하는 것이다.

그리스도의 부활에 대해 우리 또한 여러 의심을 품을 수도 있으나, 의심을 맨 먼저 품은 자는 그분의 제자들이었다. 우리 중 "진짜 예수님이 아니었을 것이다"라고 말하는 사람도 있을 것이다. 그러면 제자들은 이렇게 대답할 것이다. "처음에는 우리도 그렇게 생각했다. 하지만 그때 예수께서, '내 손과 발을 보고 나인 줄 알라 또 나를 만져 보라 영은 살과 뼈가 없으되 너희 보는 바와 같이 나는 있느니라'(눅 24:39)고 말씀하셨다. 그러고는 자신의 손과 발을 보여 주셨는데 우리는 십자가에 못 박히실 때의 상처를 똑똑히 보았다. 그는 십자가에 달려 죽고 장사되신 바로 그 예수님이셨다."

"예수님의 유령이었겠지"라고 말하는 사람도 있을 것이다. 그러면 제자들은 또 이렇게 대답할 것이다. "우리도 그런 생각을 했었지만 예수님이 유령이 아니심을 분명히 볼 수 있었다. 유령은 살과 뼈가 없으나, 예수님은 살과 뼈가 있었다. 그분은 우리가 만질 수 있는 육체를 지니셨다." 제자들은 직접 보고서 믿었다.

예수님은 제자들에게 자신의 부활한 몸을 직접 만져서 영이 아님을 확인하라고 하셨다. 제자들이 자신의 눈을 여전히 믿지 못하고 있을 때, 예수님은 "여기 무슨 먹을 것이 있느냐"(눅 24:41) 하시고 구운 생선 한 토막을 건네받아 그들 앞에서 잡수셨다. 유령은 구운 생선을 먹지 못한다. 그러나 예수님은 부활한 몸을 지니셨으므로 잡수실 수 있었다.

예수님이 자신의 부활을 입증하기 어려우셨던 이유는 제자들이 처음부터 의심했기 때문이다. 그들 중 가장 의심 많은 제자는 도마였다. 그들이 다시 사신 그리스도를 처음 보았을 때 도마는 그 자리에 없었다. 그는 자신의 눈으로 예수님을 보기 전까지는 그들의 증언을 믿으려 하지 않았다.

"내가 그 손의 못 자국을 보며 내 손가락을 그 못 자국에 넣으며 내 손을 그 옆구리에 넣어 보지 않고는 믿지 아니하겠노라"(요 20:25).

이 과정을 거치고서야 도마는 비로소 예수 그리스도의 부활을 믿게 되었다. 그는 예수님을 직접 만져보았는데 보는 것만으로는 충분하지 않아서였다. 하지만 의심했던 자는 도마만이 아니라 제자들 모두였다.

그들의 증언이 그토록 신빙성이 있는 이유 중 하나도 바로 그 때문이다. 복음서들은 카리스마적인 종교 그룹에 의해 기록되지 않았다. 의사, 어부, 세리 등처럼 현실 세계에 두 발을 굳건히 디딘 사람들에 의해 기록되었다. 처음에는 그들도 우리처럼 의심했다. 하지만 예수 그리스도의 살아 있는 몸이 그들의 모든 의심을 잠재웠다. 일단 의심을 극복하자, 제자들은 예수 그리스도의 부활에 대한 신념을 위해 기꺼이 죽음을 불사했다.

당신은 믿는가?

예수 그리스도의 십자가 처형과 부활을 의심할 만한 그럴싸한 이유는 없다. 프린스턴 신학자 찰스 핫지(Charles Hodge, 1797-1878)는 부활의 증거를 다음과 같이 요약했다.

그리스도의 부활은 역사적 사실이므로 역사적 증거에 의해 입증되어야 한다. 따라서 사도는 믿을 만한 증인들의 증언에 호소한다……증인들의 증언이 받아지려면 아래 요건이 충족되어야 한다.

   1. 입증되어야 할 사실은 분명한 특성을 지녀야 한다.

   2. 증인은 그 특성을 명확히 확인해야 한다.

   3. 증인들은 건전한 생각과 분별력을 지니고 있어야 한다.

   4. 증인들은 성실한 사람들이어야 한다.

이 요건들이 충족되면, 증언은 의심의 여지없는 사실로 받아들여진다. 나아가 증인들이 자신의 증언을 위해 개인적 희생이나 피 흘리기를 마다하지 않는다면……그것을 의심하는 것은 어리석고 악한 태도다. 이 모든 요건들이 합력하여 그리스도의 부활을 뒷받침하며, 그것이 역사상 가장 신빙성 있는 사건임을 입증한다.[18]

그리스도의 부활에 대한 의심을 멈추고 믿음으로 받아들이는 것은 근사한 일이다. 하나님은 의심하는 자들이 결코 얻을 수 없는 귀한 선물들을 성도에게 주신다. 가장 귀한 선물은 두 눈으로 그리스도를 직접 뵙는 것이다. 만일 당신이 예수께서 다시 사셨음을 믿으면, 언젠가 그분을 대면할 것이다. 예수님을 어떻게 알아볼 것인가? 아마도 제자들처럼 그의 손과 발을 직접 만져볼 것이다. 찬송가 작사가였던 패니 크로스비는 예수님과 만날 날을 다음과 같이 묘사했다.

주가 맡긴 모든 역사 힘을 다해 마치고

밝은 그 아침을 당할 때

요단강을 건너가서 주의 손을 붙잡고

기쁨으로 주의 얼굴 뵈오리

나의 주를 나의 주를

내가 그의 곁에 서서 뵈오며

나의 주를 나의 주를

손에 못 자국을 보아 알겠네.

_ 주가 맡긴 모든 역사, 새찬송가 240장(통일 231)

THE
LAST WORDS

●

예수님이 남기신 14가지 말씀

"네가 나를 사랑하느냐……내 양을 먹이라"(요 21:17).

13

넘어진 자를 위한 말씀

•

A Word for the Fallen
필 라이큰

복싱에서 유명한 말이 하나 있는데 "덩치가 클수록 넘어지는 소리도 더 요란하다"이다. 경기가 녹아웃으로 끝날 때 패자는 캔버스에 쓰러지는데 실베스터 스탤론의 〈록키〉를 보면, 헤비급 선수가 가장 요란하게 넘어진다. 〈록키1〉을 제외한 다른 〈록키〉 영화들은 모두 그런 식으로 끝나는 것 같다. 챔피언 경기의 마지막 순간에 록키의 상대 선수는 녹아웃 당하여 캔버스에 쿵하고 쓰러진다. 이에 관중은 환호하고 종이 울린다. 덩치가 클수록 넘어지는 소리는 더 요란하다.

예수님을 따른 큰 제자

시몬 베드로는 큰 사람이었다. 1세기 팔레스타인의 예수님 영화를 찍자면, 그는 주연급이었다. 그가 예수님의 제자들 중 으뜸이었음을 성경을 통해 알 수 있다.

> "갈릴리 해변에 다니시다가 두 형제 곧 베드로라 하는 시몬과 그의 형제 안드레가 바다에 그물 던지는 것을 보시니 그들은 어부라 말씀하시되 나를 따라오라 내가 너희를 사람을 낚는 어부가 되게 하리라 하시니 그들이 곧 그물을 버려 두고 예수를 따르니라"(마 4:18-20).

자신의 생업을 버리고 하나님을 따르는 것은 큰 사람이 아니면 할 수 없는 일이다.

시몬 베드로는 자신의 삶으로 예수님을 신뢰했던 첫 인물이었다. 어느 날 밤, 제자들은 갈릴리 바다를 배로 건너고 있었고 예수님은 풍랑 가운데 그들에게 걸어가셨다.

> "제자들이 그가 바다 위로 걸어오심을 보고 놀라 유령이라 하며 무서워하여 소리 지르거늘 예수께서 즉시 이르시되 안심

하라 나니 두려워하지 말라 베드로가 대답하여 이르되 주여 만일 주님이시거든 나를 명하사 물 위로 오라 하소서 하니 오라 하시니 베드로가 배에서 내려 물 위로 걸어서 예수께로 가되"(마 14:26-29).

예수님을 따르는 것이 큰 사람의 일이라면, 배에서 내려 물 위로 걷는 것은 그 인물의 위대함을 보여 주는 행동이다.

예수께서 하나님의 아들이심을, 사람이면서 또한 하나님이심을 처음 고백했던 이도 시몬 베드로였다. 예수님이 가이사랴 빌립보 근방에서 제자들과 함께 걸으면서 "너희는 나를 누구라 하느냐"하고 물으셨다. 그러자 베드로가 "주는 그리스도시요 살아 계신 하나님의 아들이시니이다"(마 16:16)라고 대답했다. 그때까지 그는 '시몬'으로 불렸으나, 이 탁월한 대답을 들으신 예수님이 그 자리에서 그에게 새 별명을 지어주셨다. "너는 베드로라 내가 이 반석 위에 내 교회를 세우리니 음부의 권세가 이기지 못하리라"(마 16:18). 예수님의 기지를 돋보이게 하는 이름이었다. '베드로'는 반석 또는 돌을 뜻한다. 시몬 베드로는 초대교회의 반석이었다. 예수님을 가장 먼저 따르고, 가장 먼저 신뢰하며, 또한 가장 먼저 이해한 사람이 바로 그, 시몬 베드로였다. 그는 큰 제자였다.

요란하게 넘어지다

그가 그토록 요란하게 넘어진 것은 큰 사람이었기 때문이다. 예수님은 배신당하시던 밤에, 제자들에게 "오늘 밤에 너희가 다 나를 버리리라"(마 26:31)고 말씀하셨다. 그러나 시몬 베드로는 단호한 의지를 피력했다.

"모두 주를 버릴지라도 나는 결코 버리지 않겠나이다"(마 26:33).

큰 사람이기에 입에서 나온 말 또한 대단했다.

하지만 그것은 거짓된 사람의 거짓된 말이 되었다. 예수님은 그에게 "내가 진실로 네게 이르노니 오늘 밤 닭 울기 전에 네가 세 번 나를 부인하리라"(마 26:34)고 말씀하셨다. 베드로는 자신이 결코 넘어지지 않을 거라고 생각했으나, 예수님은 그가 요란하게 넘어질 것을 알고 계셨다.

역사적 기록에 의하면, 그날 밤에 예수님은 감람산에서 체포되셨으며 재판을 받기 위해 예루살렘으로 이송되셨다. 그리고 베드로는 멀리서 재판 과정을 지켜보고 있었다.

"베드로가 바깥 뜰에 앉았더니 한 여종이 나아와 이르되 너도 갈릴리 사람 예수와 함께 있었도다 하거늘 베드로가 모든 사람 앞에서 부인하여 이르되 나는 네가 무슨 말을 하는지 알지 못하겠노라 하며 앞문까지 나아가니 다른 여종이 그를 보고 거기 있는 사람들에게 말하되 이 사람은 나사렛 예수와 함께 있었도다 하매 베드로가 맹세하고 또 부인하여 이르되 나는 그 사람을 알지 못하노라 하더라 조금 후에 곁에 섰던 사람들이 나아와 베드로에게 이르되 너도 진실로 그 도당이라 네 말소리가 너를 표명한다 하거늘 그가 저주하며 맹세하여 이르되 나는 그 사람을 알지 못하노라 하니 곧 닭이 울더라"(마 26:69-74).

베드로는 배와 그물을 버렸지만, 자신의 목숨을 위해 선원들의 입에 익숙했던 저주를 토해 냈다.

그리고 바로 그때 수탉이 울었다.

"이에 베드로가 예수의 말씀에 닭 울기 전에 네가 세 번 나를 부인하리라 하심이 생각나서 밖에 나가서 심히 통곡하니라"(마 26:75).

덩치 큰 사람이 더 요란하게 넘어진다.

당신은 주님으로부터 떨어져 나갔던 적이 있는가? 예수 그리스도를 부인했던 적이 있는가? 당신을 지으신 하나님을 저주했던 적이 있는가? 베드로의 쓰라린 눈물을 맛본 적이 있는가? 크든 작든, 우리 모두가 때로는 넘어진다.

세 번의 질문

예수 그리스도는 넘어진 자를 위해 말씀하신다. 그러나 그 말씀을 하기 전에 먼저 그들에게 질문을 던지신다. 참으로 마음속 깊은 곳을 파고드는 예리한 질문이다. 예수님은 시몬 베드로에게 이 질문을 세 차례 반복하셨다.

때는 예수님이 죽은 자 가운데서 살아나신 이후 갈릴리 바닷가에서였다. 제자들은 고기를 잡기 위해 밤을 새웠고, 해변에서 주님이 만드신 조반을 함께 먹었다.

> "그들이 조반 먹은 후에 예수께서 시몬 베드로에게 이르시되 요한의 아들 시몬아 네가 이 사람들보다 나를 더 사랑하느냐 하시니"(요 21:15).

그것은 심장절개수술만큼이나 고통스러운 질문이었다. 예수님은 "베드로야"라고 부르지 않으시고, "요한의 아들 시몬아" 하고 부르셨다. 베드로가 예수님을 부인한 후에, 그는 더 이상 베드로로 불릴 자격이 없었다. 반석이라 불리기에는 너무나 불안정했다. 그는 시몬의 상태로 다시 추락했다.

"네가 이 사람들보다 나를 더 사랑하느냐?"고 물으신 것은 무슨 뜻에서였을까? "이 사람들"이라는 말 속에 담긴 의미는 무엇이었을까? 아마 그분은 "네가 다른 제자들보다 나를 더 사랑하느냐?" 하고 물으셨을 것이다. 왜냐하면 한때 베드로는 다른 모든 제자들이 달아나도 자신만은 예수님을 따를 거라고 장담했었기 때문이다. 혹은 "네가 이 모든 고기잡이 도구들보다(배와 그물보다) 나를 더 사랑하느냐?"는 질문이었을 수도 있다. 어느 편이 옳은지 분명하지 않다.

분명한 것은 그 질문이 하나님의 벗인지 아닌지를 가리는 참된 시금석이라는 사실이다. 그것은 "네가 좋은 사람이냐?"나 "네가 자선기금을 내느냐?"가 아니다. "네가 예수 그리스도를 사랑하느냐?"이다. 당신은 진정으로 예수님을 사랑하는가? 다른 어떤 것보다 그를 더 사랑하는가? 생명 그 자체보다 그를 더 사랑하는가? 예수 그리스도를 사랑하는 자만이 하나님의 벗이다.

시몬 베드로는 자신이 하나님의 벗이라고 생각했다. 예수님을 사랑함을 의심하지 않았다. 혹은 그렇다고 생각했다. 그래서 "주님 그러하나이다 내가 주님을 사랑하는 줄 주님께서 아시나이다"(요 21:15)라고 대답했다.

예수님은 다시 물으셨다.

"요한의 아들 시몬아 네가 나를 사랑하느냐"(요 21:16).

이에 베드로는 또 "주님 그러하나이다 내가 주님을 사랑하는 줄 주님께서 아시나이다"라고 대답했다.

세 번째로 예수님이 물으셨다. "요한의 아들 시몬아 네가 나를 사랑하느냐"(요 21:17). 예수님은 정말 심장절개수술을 하시는 것 같았다.

"주께서 세 번째 네가 나를 사랑하느냐 하시므로 베드로가 근심"(요 21:17)했다고 성경은 전한다. '근심했다'는 말은 부드럽게 표현한 것이다. 베드로는 비통했다. 몹시 괴로웠다. 예수께서 같은 질문을 세 차례나 반복하시자, 실패의 상처들이 다시 벌어졌다. 그 세 차례의 질문들은 예수께서 배신당하셨던 밤에 베드로가 들었던 세 차례의 질문들을 그에게 상기시켰다. 세 차례에 걸쳐 예수님을 부인했던 일을 상기시켰다. 예수님이 세 번째 질문을 던지셨을 때, 베드로는 그분을 부인했던 밤에 쓰라린 눈물을 흘렸던 것이 기억났다. 자신이 얼마나 요란하게 넘어졌는지가 기억났다. 그것은 최근의 일이었다.

시몬이 무슨 말을 해야 했을까? 당신이라면 무슨 말을 하겠는가? 시몬 베드로는 자신이 진심으로 예수님을 사랑함을 알고 있었다. 하지만 그는 자신이 예전에도 그렇게 말했으나 넘어졌고, 앞으로도 그럴 수 있음을 알고 있었다. 그는 단지 "주님 모든 것을 아시오매 내가 주님을 사랑하는 줄을 주님께서 아시나이다" (요 21:17)라고 말할 수 있을 뿐이었다.

다시 일어서서

나라면 시몬 베드로를 믿기 힘들었을 것이다. 만일 어떤 사람이 당신을 거듭 실망시킨다면, 그를 신뢰하기란 힘들 것이다. 그러나 예수님은 베드로를 너무나 사랑하셨기 때문에 넘어진 자리에서 일어나도록 자상하게 도와주셨다. 베드로를 제자들 가운데 다시 합류시키셨다. 세 차례 질문을 마친 후에, 예수님은 "나를 따르라"고 말씀하셨다. 자신을 다시 일어설 수 있도록 도와주신 예수님의 명령에 베드로는 오직 순종할 수밖에 없었다.

우리가 넘어지면 예수님은 우리를 다시 일으켜 주실 것이다. 우리는 스스로 일어날 수 없다. 넘어지는 이유는 우리가 죄인이기 때문이다. 죄는 녹아웃 펀치와도 같다. 죄인은 완전히 실신한 상태라고 할 수 있다. 죄인은 하나님을 사랑하지 않으며, 하나님을 섬기지도 경배하지도 않는다. 그 마음을 들여다본다면 그는 눈에 드러날 치부 때문에 몹시 수치스러울 것이다. 탐욕스러운 욕망, 흉악한 살의, 교만한 생각 등이 치부로 드러날 것이다. 죄인이 하나님의 벗이 되길 원한다면, 스스로 일어설 수 없음을 시인해야 한다.

예수께서 넘어진 자를 일으키기 위해 오셨다는 것이 복된 소식이다. 베드로가 예수님을 알지 못한다며 부인했던 바로 그 순간에, 예수님은 베드로의 죄를 위해 죽을 준비를 하고 계셨다. 예수께서 자신의 모든 벗들을 위해 하신 일이 바로 그것이다. 십자가에서 돌아가신 예수님의 죽음은 처형 그 이상이었다. 그는 하나님의 아들이시므로, 그리고 완벽한 삶을 사셨기 때문에, 자신의 삶을 속죄의 희생 제물로 드릴 수 있었다. 우리가 하나님께 죄 사함을 간구하면, 그분은 예수님 때문에 그 죄를 사해 주실 것이다.

영국 시인 윌리엄 카우퍼(William Cowper, 1731-1800)는 베드로를

향한 예수님의 질문을 담은 귀한 찬송시를 썼다.

> 청종하라, 내 영혼아! 그는 주님이시다.
> 그는 나의 구주시니, 그의 말씀을 들으라.
> 예수께서 물으시네, 그가 내게 물으시네.
> "가련한 죄인이여, 네가 나를 사랑하느냐?"

카우퍼는 그 물음에 대한 자신의 대답을 생각했다. 그는 예수님을 사랑하지만, 그의 마음이 예수님을 사랑하기에는 너무나 냉담하며 그분의 사랑을 받을 자격도 없음을 고백해야 했다. 그래서 그는 다른 무엇보다 더 예수님을 사랑하도록 도와달라는 기도로 찬송시를 끝낸다.

> 주여, 저는 너무나 부족하나이다.
> 제 사랑은 약하고 희미하나이다.
> 하지만 저는 주를 사랑하며 경배합니다.
> 주를 더 사랑할 수 있도록 은혜 베푸소서!

"하늘과 땅의 모든 권세를 내게 주셨으니 그러므로 너희는 가서
모든 민족을 제자로 삼아 아버지와 아들과 성령의 이름으로 세례를 베풀고
내가 너희에게 분부한 모든 것을 가르쳐 지키게 하라
볼지어다 내가 세상 끝날까지 너희와 항상 함께 있으리라"(마 28:18-20).

14

모든 사람을
위한 말씀

•

A Word for Everyone
제임스 몽고메리 보이스

승천 직전 예수님은 제자들에게 다른 사람을 제자로 삼을 것을 명하셨다. 이는 복음전도를 명하신 위대한 도전의 말씀으로 지상대명령이라 할 수 있다. 제자들은 복음을 전함으로 사람들을 믿음의 길로 인도하고, 세례를 통해 그들을 교회의 친교 가운데로 이끌며, 예수님의 모든 명령을 그들에게 지속적으로 가르쳐야 했다. 이 명령은 그의 모든 제자들에게 주신 것으로 예수님은 이를 실행하는 우리와 항상 함께 계심을 약속하셨다.

이 명령은 '모든'이라는 보편적인 의미를 포함한 다음 네 개의 표현으로 이루어져 있다.

"모든 권세", "모든 민족", "내가 너희에게 분부한 모든 것", "항상".

"모든 권세"

첫째, 아버지는 하늘과 땅의 "모든 권세"를 예수께 주셨다(마 28:18).

1. 하늘의 권세

예수님이 "하늘의 모든 권세"를 받으셨다는 것은 놀라운 선언이다. 하늘의 권세는 하나님의 권세를 가리키므로, 이 선언은 그가 하나님이심을 나타내기 때문이다. 여호와께서 하실 수 있는 것은 무엇이든 예수님도 하실 수 있다. 왜냐하면 아버지의 권세와 아들의 권세가 동일하기 때문이다. "끝날까지 너희와 항상 함께 있으리라"(마 28:20)고 약속하신 분이 바로 이 영광의 주요 만유의 하나님이시다.

2. 영적 세계에 대한 권세

"하늘의 모든 권세"는 악한 세력을 포함한 모든 영적 세력과 권세들을 가리킨다. 바울은 그리스도인의 영적 전쟁에 관한 묘사에서 이 권세를 언급했다.

> "우리의 씨름은 혈과 육을 상대하는 것이 아니요 통치자들과 권세들과 이 어둠의 세상 주관자들과 하늘에 있는 악의 영들을 상대함이라"(엡 6:12).

우리의 대적인 사탄과 영적 싸움을 하고 있음을 상기시키는 말씀이다. 이 말씀이 다소 힘겹게 느껴질 수도 있지만 그럴 필요 없다. 왜냐하면 그 모든 권세와 능력은 예수님의 의로운 통치하에 있기 때문이다. 바울은 이렇게 말한다.

> "그의 능력이 그리스도 안에서 역사하사 죽은 자들 가운데서 다시 살리시고 하늘에서 자기의 오른편에 앉히사 모든 통치와 권세와 능력과 주권과 이 세상뿐 아니라 오는 세상에 일컫는 모든 이름 위에 뛰어나게 하시고"(엡 1:20-21).

3. 제자들에 대한 권세

예수께 주어진 "땅의 모든 권세"는 당신의 제자들에 대한 권세를 포함한다. 그 권세는 제자들의 행위에까지 미친다. 왜냐하면 그분은 자신의 명령에 순종하게 하시기 위해 그들을 불렀기 때문이다. 예수님은 "너희는 내가 명하는 대로 행하면 곧 나의 친구라"(요 15:14)고 말씀하셨다. 예수님께 순종하지 않으면 우리는 그분의 친구가 아니다. 심지어 구원도 받을 수 없다.

또한 그리스도의 권세는 제자들에게 맡겨진 사역에까지 미친다. 지상대명령은 이 점을 강조한다. 우리가 세상에 복음을 전하고 모든 족속으로 제자를 삼아 아버지와 아들과 성령의 이름으로 세례를 주며, 주께서 분부하신 모든 것을 가르쳐 지키게 해야 하는 것은 우리가 예수님의 권세 아래에 있기 때문이다(요 15:19-20).

예수님의 제자들은 자신의 임무를 스스로 정하지 않았다. 웰링턴(Wellington) 공작의 표현대로 우리는 "행군 명령"하에 있다. 즉, 제자들은 그리스도의 권세 아래에 있는 것이다.

4. 모든 족속에 대한 권세

주 예수 그리스도의 권세가 미치는 네 번째 영역은 그분의 권세를 아직 모르는 족속들이다. 기독교가 세계종교인 것도 바로 이 때문이다. 세상에는 특정 민족의 신을 믿는 종교들이 많으나 예수님의 경우는 다르다. 그는 유대인으로 태어나셨으나, 기독교는 유대인만의 종교가 아니다. 그분의 종교는 온 세계의 종교다. 이는 예수께서 땅의 모든 권세를 지니셨기 때문이다.

존 스토트(John Stott)는 이렇게 요약한다.

> 모든 기독교 선교 사업의 기반은 예수 그리스도의 권세가 보편적("하늘과 땅의")이라는 데 있다. 만일 예수님의 권세가 땅에서 제한된다면, 즉 만일 그가 많은 종교 교사 중 하나이거나 많은 유대인 선지자들 중 하나일 뿐이라면, 우리는 그를 세상의 주와 구주로 소개할 필요가 없을 것이다. 또한 예수님의 권세가 하늘에서 제한된다면, 즉 그가 사탄의 세력을 결정적으로 무너뜨리지 않으셨다면, 우리는 그를 민족들에게 전할 순 있으나 결코 그들을 "어둠에서 빛으로, 사탄의 권세에서 하나님께로"(행 26:18) 돌이킬 순 없을 것이다. 땅의 모든 권세가 그리스도께 속하기 때문에 우리는 만민에게로 나아간다. 또한 하늘의 모든 권세가 그의 것이기 때문에 우리에게는 성공의 소망이 있다.[19]

"모든 족속"

모든 족속이라는 표현은 예수님의 권세와 기독교가 세계적이라는 특징을 가리킨다.

마태가 이 내용으로 마태복음을 마무리한 것이 놀랍다. 왜냐하면 마태복음은 가장 유대인적인 복음이기 때문이다. 이 복음서는 예수님이 다윗의 후손이고 메시아에 관한 구약의 예언을 성취했음을 보여 주기 위해 기록되었다. 복음서 중 가장 민족적인 특성이 부각된 것이 마태복음이다. 그럼에도 마태복음은 가장 보편적인 메시지로써 마감된다. 지상명령에 의해, 예수님의 지상 사역 기간 동안 그분을 따랐던 그리고 이제 공식적으로 사명을 부여받은 몇몇 유대인 제자들은 유대인들에게만이 아니라 세상 만민에게 복음을 전해야 했다.

이를 실천할 때마다 교회는 복을 받고 번영했지만 그렇지 않을 때에 그들은 침체하고 쇠퇴했다. 그 이유는 무엇일까? 제자들에게는 지상대명령이 요구되기 때문이다. 그것은 그리스도를 따르는 자의 순종의 표현이다. 예수님은 순종을 축복하신다. 만일 우리가 예수님을 따른다면, 모든 족속을 향해 나아갈 것이다.

"내가 너희에게 분부한 모든 것"

피상적인 우리 시대에서는 이 표현이 가장 중요하다고 할 수 있다. 우리는 그리스도께서 명하신 "모든 것"을 가르쳐야 한다. 하지만 오늘날에는 이 명령과 반대되는 모습이 많이 보인다. 그리스도의 '모든' 명령을 가르치려고 노력하기보다는 그분의 가르침을 가급적 생략하려는 이들이 많은 것 같다. 그들은 쉽게 이해되며 거부감을 주지 않는 가르침에 초점을 맞춘다. 그것은 심판 없는 구원, 공의 없는 사랑, 순종 없는 구원, 그리고 고난 없는 승리에 관한 내용이다. 물론 그리스도께로 많은 사람들을 인도하겠다는 좋은 동기에서 그처럼 내용을 축약하겠지만 그것은 세상적인 방법이며 그 결과 역시 세상적인 것으로 나타난다. 제자들은 결핍된 가르침으로는 만들어지지 않는다. 절반의 복음으로는 세상을 그리스도의 통치에 복종시키지 못한다.

그렇다면 오늘날의 교회를 회복시키기 위해서는 어떤 가르침들이 필요할까? 간략한 교리 나열만으로는 안 된다. 성경 전체를 가르쳐야 하는데 최소한 다음 사항들을 포함해야 한다.

1. 올바른 성경관

자유주의 신학자들은 성경이 단지 사람의 책일 뿐이며 그 속에는 오류가 담겨 있으므로 성경은 상대적 권위만을 지녔다고 주장했다. 그들의 이러한 주장은 성경의 권위를 존중하는 전통적인 견해를 훼손시키고 약화시켰다. 우리 시대의 많은 복음주의자들은 성경이 우리에게 직면한 과제를 해결하는 데 적절치 못하다고 생각하며, 여러 영역들에서 성경을 무시함으로 성경의 권위를 훼손하고 있다. 만일 우리가 그리스도의 가르침에 충실하려면, 성경의 권위를 인정해야 한다.

2. 하나님의 주권

영국 성경 번역가 J. B. 필립스(J.B. Phillips)는 『네 하나님은 너무 작다』(*Your God Is Too Small*)라는 책을 썼는데, 이 책 제목이 그대로 적용되는 신자들이 많다. 그들은 성경을 무시하며, 자신의 제한되고 오류적인 관점으로 하나님을 이해한다. 우리는 하나님이 누구신지에 대해, 특히 그분의 주권에 대해 새롭고 올바른 관점을 정립할 필요가 있다. 하나님이 주권적이시라는 것은 그가 우주의 통치자이심을 뜻한다. 우연의 산물은 아무것도 없으며 하나님이 예상하지 못하시는 일이란 존재하지 않는다.

3. 인간의 타락

사람들은 자신이 "하나님보다 덜 완벽하며" 선한 삶을 위해 누군가의 도움이 필요하다는 의미에서 자신의 죄악 됨을 기꺼이 인정한다. 그러나 성경의 가르침은 거기서 그치지 않는다. 성경은 우리가 죄 가운데 죽은 상태이며(엡 2:1-3), 우리의 생각마저 부패했다고(창 6:5) 말한다. 우리는 너무나 부패한 상태이므로, 하나님이 우리 영혼을 새롭게 하여 이끌어주지 않으시면(요 6:44) 그리스도께 나아갈 수조차 없다.

4. 하나님의 은혜

우리 스스로 그리스도께 나아갈 수 없으므로 우리가 하나님의 심판 아래에 있다는 것이 사실이지만, 예수님은 멸망을 향해 나아가는 자들을 향한 하나님의 은혜를 가르치신다. 따라서 구원은 오직 은혜로 주어진다. 예수님은 "아버지께서 내게 주시는 자는 다 내게로 올 것이요"(요 6:37)라고 말씀하신 후, 아버지께 "내가 비옵는 것은 세상을 위함이 아니요 내게 주신 자들을 위함이니이다"(요 17:9)라고 말씀하셨다.

5. 선한 사역의 필요성

하나님은 하나님의 사람들이 선한 사역을 할 수 있도록 인도하며 도우신다. 제자도에 관한 그리스도의 가르침은 대부분 이와 관련한 내용을 담고 있다. 예수님처럼 우리도 정의 편에 서며, 병든 자를 위로하고 버림받은 자를 구원하고 억압받는 자를 옹호하며 결백한 자를 구원하는 일에 최선을 다해야 한다. 또한 불의를 행하거나 용납하는 자들에 맞서 저항해야 한다.

6. 그리스도를 믿는 자의 안전

예수님은 근거 없는 자만에 대해 강력히 경고하셨는데, 그분의 가르침을 무시하거나 순종하지 않은 채 자신이 그리스도인이라고 여기는 자들에 대한 경고다. 그런가 하면 예수님은 자신을 따르는 자들을 위한 확신의 말씀도 주셨다. 그는 그들이 결코 잃어버린 바 되지 않을 거라고 말씀하셨다. 하나님이 그들의 구원을 책임지시므로 그들은 잃어버린 바 될 수가 없다(요 10:28).

"항상" 그리고 영원히

"항상"에 해당하는 헬라어의 문자적 의미는 "(마지막 날까지의) 모든 날들에"이다. 이것은 위대한 약속이다. 마태복음 첫 장에서 예수님은 "하나님이 우리와 함께 계시다"는 뜻인 "임마누엘"(마 1:23)로 소개되셨다. 그리고 마태복음의 마지막 절에서는 그 약속이 반복 확언되고 있다. 우리가 그리스도의 명령대로 행하며, 사람들에게 복음을 전하여 그리스도께로 인도하고 그들을 교회 내에서 친교와 봉사의 삶으로 이끌면, 예수님은 우리가 영광 중에 그분 앞에 설 때까지 시종일관 우리와 함께 하실 것이다.

예수 그리스도를 따르는 것은 쉬운 일이 아니다. 그는 그 일이 쉬울 거라고 말씀해 주신 적이 없다. 하지만 그분을 따르는 것은 그분을 따르지 않는 것보다 당연히 훨씬 더 낫다. 그분을 따르면 무덤 저편에서의 소망과 하늘에서의 상급이 주어지며, 또한 주님께서 우리와 함께 하시겠다고 임재를 약속하셨기 때문이다.

1. Cicero, The Verrine Orations, L. H. G. Greenwood 역, Loeb Classical Library(Cambridge, Mass.: Havard University Press, 1953), vol.2, p.170.

2. John Charles Ryle, Expository Thoughts on the Gospels: St. Luke(Cambridge, England: James Clarke & Co., 1976), vol.2, p.463.

3. Robertson McQuilkin, "Muriel's Blessing," Christianity Today, 1996년 2월 5일, p.32.

4. William Barclay, The Gospel of John, 편저(Philadelphia: The Westminster Press, 1975), vol.2, p.257.

5. Thomas Warton the Elder, "Ode on the Passion", Robert Atwan과 Lawrence Wieder, 편저, Chapters into Verse: Poetry in English Inspired by the Bible(New York: Oxford University Press, 1993), vol.2, pp.214-215.

6. Jonathan Kozol, Rachel and Her Children: Homeless Families in America(New York: Crown, 1988), pp.67,69.

7. J. Blinzler, The Trial of Jesus(Westminster, Md.: Newman, 1959), p.261.

8. Charles Haddon Spurgeon, "Christ's Dying Word for His Church," Sermons on the Gospel of John(Grand Rapids, MI: Zondervan, 1966), p.170.

9. Thomas Boston, Human Nature in Its Fourfold State(Edinburgh: Banner of Truth, 1964), p.331.

10. Charles Haddon Spurgeon, "The Last Words of Christ on the Cross," Metropolitan Tabernacle Pulpit, vol.45(Pasadena, Tex.: Pilgrim Publications, 1977), p.502.

11 Margaret Hannay, "Mary Magdalene," A Dictionary of Biblical Tradition in English Literature, David Lyle Jeffrey 편저(Grand Rapids, MI: Eerdmans, 1992), pp.486-489.

12 James Montgomery Boice, The Gospel of John: An Expositional Commentary(Grand Rapids, MI.: Zondervan, 1979),vol.5, pp.281-282에 인용.

13 "Rosh Ha-Shanah," 1:8, The Mishnah, Herbert Danby 역(London: Oxford, 1933), p.189.

14 Madeleine L'Engle, The Glorious Impossible(New York: Simon & Schuster, 1990), 서언.

15 Bertrand Russell, Why I Am Not a Chritian(New York: Simon & Schuster, 1957).

16 Don Richardson, Peace Child(Glendale, Calif.: G/L Publications, 1974), pp.154-155.

17 Gershom Scholem, Sabbatai Sevi: The Mystical Messiah, 1626-1676(Princeton, N.J.: Princeton University Press, 1973), p.679.

18 Charles Hodge, A Commentary on the First Epistle to the Corinthians(London: Banner of Truth, 1964), p.314.

19 John R. W. Stott, "The Great Commission", One Gospel, One Task: World Congress on Evangelism, Berlin 1966, Official Reference Volumes, 편저, Carl F. H. Henry와 W. Stanley Mooneyham(Minneapolis; World Wide Publications, 1966), vol.1, p.46에서.

사명선언문

너희가 흠이 없고 순전하여……세상에서 그들 가운데 빛들로
나타내며 생명의 말씀을 밝혀 _ 빌 2:15-16

1. 생명을 담겠습니다
만드는 책에 주님 주신 생명을 담겠습니다.
그 책으로 복음을 선포하겠습니다.

2. 말씀을 밝히겠습니다
생명의 근본은 말씀입니다.
말씀을 밝혀 성도와 교회의 성장을 돕겠습니다.

3. 빛이 되겠습니다
시대와 영혼의 어두움을 밝혀 주님 앞으로 이끄는
빛이 되는 책을 만들겠습니다.

4. 순전히 행하겠습니다
책을 만들고 전하는 일과 경영하는 일에 부끄러움이 없는
정직함으로 행하겠습니다.

5. 끝까지 전파하겠습니다
모든 사람에게, 땅 끝까지, 주님 오시는 그날까지
복음을 전하는 사명을 다하겠습니다.

서점 안내

광화문점 서울시 종로구 새문안로 69 구세군회관 1층
02)737-2288(T) 02)737-4623(F)

강남점 서울시 서초구 신반포로 177 반포쇼핑타운 3동 2층
02)595-1211(T) 02)595-3549(F)

구로점 서울시 구로구 시흥대로 577 3층
02)858-8744(T) 02)838-0653(F)

노원점 서울시 노원구 동일로 1366 삼봉빌딩 지하 1층
02)938-7979(T) 02)3391-6169(F)

분당점 경기도 성남시 분당구 황새울로 315 대현빌딩 3층
031)707-5566(T) 031)707-4999(F)

신촌점 서울시 마포구 서강로 144 동인빌딩 8층
02)702-1411(T) 02)702-1131(F)

일산점 경기도 고양시 일산서구 중앙로 1391 레이크타운 지하 1층
031)916-8787(T) 031)916-8788(F)

의정부점 경기도 의정부시 청사로47번길 12 성산타워 3층
031)845-0600(T) 031) 852-6930(F)

인터넷서점 www.lifebook.co.kr